18歳からの政治の教科書

メディアに踊らされない
賢い有権者になろう

参議院議員
宇都隆史

彩雲出版

第1章　まずは政治家《センセイ》を知ろう

第2章 政治家《センセイ》との正しい付き合い方

第3章　賢い有権者となるために

あとがき　

装丁・小室造本意匠室
漫画・寺口知世

第1章

まずは政治家《センセイ》を知ろう

衆議院解散かぁ 地元の斉藤代議士も 選挙ね！
ふーん
シューギイン？
衆議院と参議院！ 公民で 習ったでしょ？
そんなのもあった気が するけど、興味ないや
だっせーおっさん達が 金儲けでやっている だけでしょ！
こんな感じのこと
……
あんたそれ偏見…
じゃあ、その政治家に 今度 会わせて あげようか！
？
私のインターン生よ！
センセイ！ 今日は 弟を連れて 来ました！
マサヤっす…
ちーっす
よろしく！ 参議院議員の うとたかしです！
ガシッ
ハルコちゃん いらっしゃい
あ、秘書の ユウコさん！
うちの弟です！
あら〜 センセイ！
へ〜え…
いつも ありがとね
いえいえ

政治家《センセイ》ってどんなイメージ？

固定化されたイメージ

こんにちは、自民党参議院議員の宇都隆史です。私は、平成22年の参議院選挙において初当選し、国会議員となりました。

政治家になってからというもの、色々な会合で初めてお会いした方に名刺を差し出すと、皆さん必ずといっていいほど態度が変化します。急に物言いがていねいになる人、警戒の色を浮かべる人、明らかに距離を置く人など様々です。

政治家だと分かった瞬間に、このように態度が変化するのは、やはり政治家に対して何らかの固定化されたイメージがあるからでしょう。

皆さんは、政治家に対してどのようなイメージを持っていますか？

○お金持ち
○頭がいい
○志の高い人

○権力者
○勤勉家

こんな、良いイメージを持ってくれていれば嬉しいのですが、大抵はそれとは正反対の悪いイメージを持っている方のほうが多いように思います。

○お金に汚い
○ずる賢い
○偉そう・生意気
○不勉強
○羞恥心がない

もし、直接こんなふうに言われると、私なら落ち込んでしまいますが、一般の皆さんにとって定着している政治家のイメージとは、大体このようなものではないのでしょうか。

確かに、悪役のような面構えの政治家もいることはいますが（笑）、本当に悪い人物かどうかは別物で、そういう方に限って、気配りの行き届いた紳士だったりします。政治家に抱いている固定化したイメージを、まずは捨ててみてください。

政治とは生活そのもの

皆さんの生活にとって、政治家がほとんど影響を及ぼさない仕事であれば、誤ったイメージのまま遠ざけていてもいいのですが、政治とは生活そのものです。皆さんの給料や税金、日常生活のありとあらゆるものに対し、大きく関係してくるのが政治なのです。

つまり皆さんにとって、政治と適切に向かい合うことは、生活を良くしていく意味でも大切なことです。そのために本書では、政治や政治家に対して、もっと親近感を持っていただけるようなお話をしていきたいと思います。

そこで、これ以降は政治家を「センセイ」と呼ぶこととしましょう。

「先生」ではありません、政治家と接するときに皆さんがよく使う、本人への親しみと若干の皮肉を込めた呼び名の、あの「センセイ」です。

政治家と聞くと堅苦しいイメージがどうしても付きまとうので、センセイという全く新しい存在として再認識しながら、聞いていただきたいと思います。

騎馬民族の衆議院、農耕民族の参議院

まず、衆議院と参議院の違いからお話しします。「今さら、そんな初歩的なこと……」と思わず、おさらいをすると思って、どうか最後まで聞いてください。

国会議員になって、私も改めてその本質的な違いが分かってきたくらいですから、学校の公民の授業で習っただけでは、一般の人はなんとなくしか分かっていないものです。

衆議院選挙の仕組み

衆議院は「小選挙区選挙（295議席）」と「比例代表選挙（180議席）」という2種類の方法で選ばれます。475名が一斉に選挙で選ばれるため「総選挙」と呼ばれます。

まず「小選挙区選挙」ですが、全国に295※注の選挙区があり、だいたい人口40万人ごとに区割りされています。いわゆる「オラが町のセンセイ」といわれる人たちです。人口で区割りをしているため、市町村等の行政区とは完全に一致していない場合があります。

※注　一票の較差《かくさ》を是正するため、平成25年の法改正により、山梨・福井・徳島・高知・佐賀の選挙区を1つずつ減らす「0増5減」が行われたため、現在295選挙区となっています。

私の郷里の鹿児島1区（主に鹿児島市）を例に挙げると、市内の一部分は2区と3区に切り分けられています。このように人口が密集する都市部では狭い選挙区となり、場合によっては市議会議員よりもきめ細かな活動を強いられます。一方、過疎地《かそち》の田舎へ行くと、40万人の人口を満たすために選挙区は広範囲となり、とても一日では回りきれないようなところもあります。事務所も複数個所に置かなければならず、移動のための燃料代もバカになりません。

さて次に「比例代表選挙」について説明します。

衆議院には小選挙区選出のセンセイとは別に、「比例ブロック選出のセンセイ」が180名存在します。これは全国を「北海道、東北、北関東、南関東、東京、北陸信越、東海、近畿、中国、四国、九州（沖縄を含む）」の11のブロックに分け、そのブロックごとに選出されるセンセイです。各政党が獲得した総得票数をドント方式※注により配分し、あらかじめ各党により提出された名簿の順に当選候補が確定する「拘束《こうそく》名簿式」が採用されています。

このような制度となっているために、衆議院選挙（総選挙という）における投票要領は、1枚目の小選挙区の投票用紙には「候補者氏名」を、2枚目の比例ブロックの投票用紙には「政党名」を記入するわけです。（次頁参照）

衆議院総選挙における投票用紙記入例

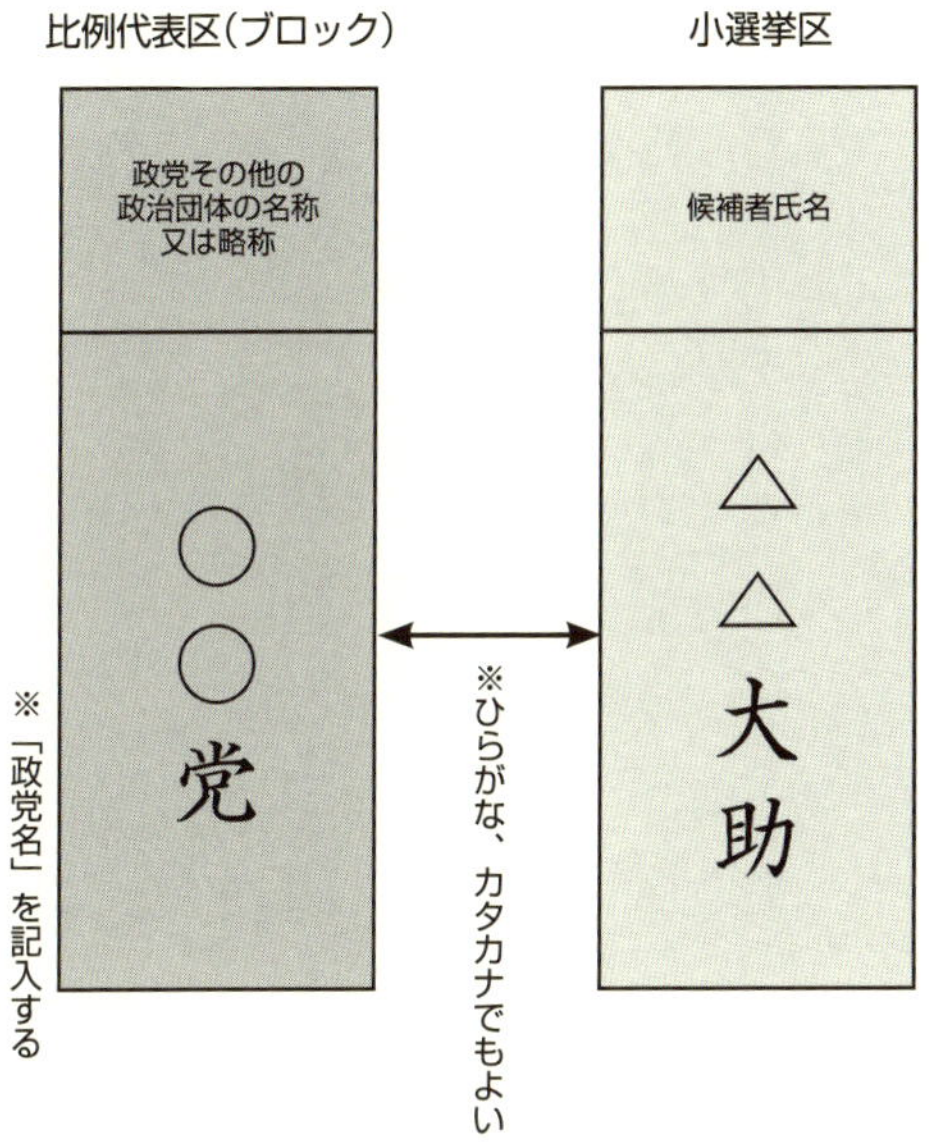

比例ブロックは、それ単独で立候補しているセンセイは少なく、ほとんどが小選挙区との重複立候補です。ですから、小選挙区では負けたけれども、比例ブロックで復活当選するセンセイがいるのですね。これは有権者から見たら非常に分かりにくい制度だと思います。

平成6年に衆議院の選挙制度は、中選挙区制から小選挙区制へと移行しました。そのときに小選挙区を300名、比例ブロック区を200名とすることで議員定数を確保し、混乱を回避したのです。私も比例ブロック制度は、分かりにくいので廃止を検討したほうがいいと思うのですが、まぁこれは衆議院のセンセイたちの考えるべきことですから、個人的意見はこのくらいにしておきましょう。

（注釈）ドント方式とは、ベルギーの数学者ヴィクトル・ドントが考案者で、各政党の総得票数を、それぞれ1、2、3、4…という自然数で割っていき、計算で導き出された数の大きい順に議席を配分する方式です。

◆ドント方式による議席配分の一例（定数10の場合）

	A　党	B　党	C　党	D　党
総得票数	2035票	1502票	868票	417票
÷1	①2035	②1502	④ 868	⑩ 417
÷2	③1017.5	⑤ 751	⑨ 434	208.5
÷3	⑥ 678.3	⑧ 500.7	289.3	139
÷4	⑦ 508.8	375.5	217	104.3
議席数	4議席	3議席	2議席	1議席

参議院選挙の仕組み

次に、参議院選挙についてお話しします。参議院には47都道府県ごとの「選挙区選挙（146議席）」と、北海道から沖縄までの全国を選挙区とする「比例代表選挙（96議席）」があります。参議院の選挙は、衆議院のように定数475の当選枠を巡って、一斉に行う総選挙ではなく、3年ごとに定数242名の半分の121（選挙区73／比例代表48）の当選枠を巡って、半数改正選挙を行います。よって、総選挙とは言わず「通常選挙」と呼ばれます。各選挙区・比例代表においては、2名の代表が3年ごと交互に応援し合うことになります。

まず「選挙区選挙」ですが、各都道府県から選出されるセンセイの当選枠は都道府県によって異なり、例えば一回の選挙で東京都は6名、北海道では3名、鹿児島であれば1名のセンセイが当選します。都道府県を単位とした代表者なので、小選挙区の代表者である衆議院のセンセイよりも、もっと広い範囲で政治活動を行うのが特徴です（平成28年の通常選挙から、票の較差《かくさ》是正のため「徳島・高知」と「島根・鳥取」が合区になります）。また、衆議院のような比例代表選挙への重複立候補は認められていないため、選挙区で負けたけれども比例で復活当選するなどということは絶対にありません。

一方、「比例代表選挙」ですが、衆議院のようなブロック選挙区ではなく、さらに広い日本全国（北海道〜沖縄）を選挙区としなければなりません。よって、知名度のある学者や評論家、全国に組織を持つ職域の代表、宗教団体等を支持母体にするセンセイが多いのが特徴です。

一例を挙げると、平成25年の第23回参議院議員通常選挙における比例代表は、48議席に対して、162名が立候補しました。もちろん、有権者が投票できるのは1候補者だけですから、投票所に掲示してある候補者名簿など字が小さくて探し出すのも大変で、よほど顔と名前が売れているか、しっかりとした全国組織の支持母体がなければ当選はおぼつきません。候補者に、元女優とかスポーツ選手、テレビ番組のレポーターなどが多いのはそのためです。

有名人の候補者に対する批判もありますが、なかには真面目で勉強家で、本当に良い政治をする方もいるので、一概に有名人がいけないというわけではありません。

全国の職域団体の例としては、「郵便局、農協、防衛、歯科医師、医師、建設、看護」などがあります（自民党の一例です）。同じ政党であっても、当選を競い合うライバル関係にあるので、本当にシビアな戦いを迫られるのも比例区の特徴です。

かつて参議院の比例区の選挙は、衆議院選挙と同じ「拘束名簿式」という制度が採用されていました。これは選挙公示のときに候補者の名簿順位が決まっていて、政党全体の得票総数に伴いドント方式で当選枠が割り当てられ、名簿の上から順番に当選していく制度です。しかし、この制度は名簿順位によって当落が決まるため、いくつかの問題がありました。

一つには、名簿順位ですべてが決まるため、名簿の作成にかかわる人に事実上の権力が集中してしまうこと。また、名簿の上位に登録された候補者は、一切選挙運動をせずとも当選がほぼ確実となるため、候補者間に不公平感が生じてしまうこと。さらには、実際に集票力のある著名人であっても、名簿の下位に登録されれば、不利になってしまうこと等です。

そこで、平成12年に公職選挙法が改正され、「非拘束名簿式」が採用されました。これは、名簿の順位が決まっておらず、公示のときは皆、横並び一線で公平な戦いをします。

どうやって当落を決めるかというと、最終的に個人氏名で獲得した票数の多い候補者から当選するようにするのです。当選できる議席数は、政党全体の総得票数によるドント方式で割り当てられます。

つまり、衆議院の比例区の投票用紙には「○○党」というような政党名を書けばいいのに対し、参議院の比例区の投票用紙には「個人名」を書かなければ、応援しているセンセイは絶対に当選できないということなのです。ただし、政党名を書いても、政党が議席を確保するための一票にはカウントされるので無効にはなりません。（次頁参照）

参議院通常選挙における投票用紙記入例

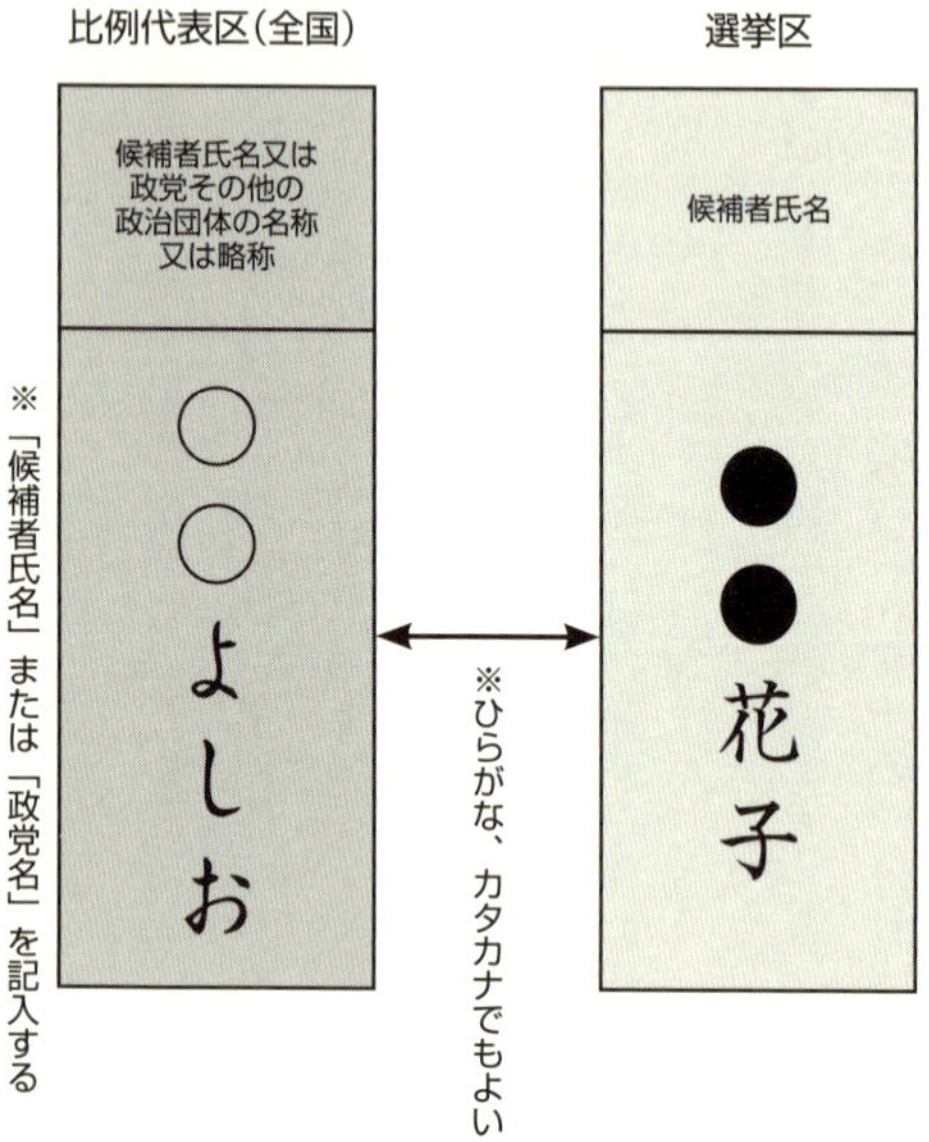

衆議院と参議院の特性の違い

ここまでは、衆議院と参議院の選挙制度の違いを述べてきました。次にそれぞれの特性の違いについて見ていきましょう。

衆議院のセンセイは当選すると４年の任期が与えられます。しかし、任期途中での「解散」がありますので、常に選挙を戦えるよう常在戦場《じょうざいせんじょう》の心構えが必要です。

ここで復習しておきましょう。「解散」とは憲法69条に規定された内閣の権限の一つで、衆議院において内閣不信任決議が可決されたとき、内閣は総辞職をするか、衆議院を解散し総選挙を行わなければなりません。解散を選択した場合は、もう一度国民に信を問い議席を入れ替えて新しい内閣を作り直すわけです。解散と同時にすべての衆議院議員は失職し、一候補者として選挙を戦います。

これを一つの就職先として想像してみてください。晴れて希望の職に就きはしたけれど、最長４年しか保証されず、さらに事業経営に何か問題があれば、ただちに勤務実績を審査され、一定の評価を満たさなければ、いきなり職を失うのです。失業保険も出なければ再就職の斡旋《あっせん》もなく、さらには、前年の年収を基に税金をガッポリと取られるわけですから、まさに泣きっ面《つら》に蜂《はち》です。

こんな職業、皆さんならやってみたいですか？　とてもではないけれど、やってられませんよね。よほどの志や情熱があり、苦労の連続の険しい道だと分かってはいても、日本や国民のために尽くしたいという人にしか、センセイは務まりません。

ですから、衆議院のセンセイには片時も気が休まる暇がなく、世間が注目している社会問題や、選挙区の有権者が困っていることや要望等に非常に敏感になるのです。

そうすると、例えば「今年は天候不順で収穫が悪く、経営が苦しいので、どうにか補償してもらえないか」という農家の皆さんの声や、「大きな幹線道路が未整備で、企業誘致や産業発展を阻害し、過疎化が進んでいるので、公共事業予算を増額してほしい」という地方自治体の要望や、「働きに出たいのだけれど、保育所に空きがなく、職場に復帰することができないので、保育所認定基準を緩和してほしい」といったママたちの声など、選挙区の有権者の政治に対するニーズを積極的に受け止め、それに迅速に対応し、結果を出していくことが求められるわけです。

一方、参議院のセンセイは当選すると6年の任期が与えられるうえに、「解散」もありません。よって、じっくりと腰を据《す》えて政治活動を行うことができます。

そのため、中期的な経過措置を必要とする政策や、長期的なビジョン・戦略の策定、全体を見据えた改革の検討など、時間をかけて審議するテーマに向いていると思います。もちろん、失業保険や再就職の斡旋がないのは衆議院と同じですが、改選の時期が明確な分、次回の選挙まで計画的に取り組んでいけるのも参議院のセンセイの特徴です。

このような、お互いの特性を踏まえて、「騎馬民族の衆議院、農耕民族の参議院」などという冗談を言うセンセイがいましたが、初めて聞いたときに、ずいぶんうまいことを言うもんだなぁと思いました。

つまり、衆議院が常在戦場で、毎日獲物を狙って駆け回っているような活動を続けているのに対し、参議院は作物を育てる農家のように、種を植え、水をまき、実らせて収穫するというように計画性を持った活動をしていることを、それぞれ皮肉交じりに例えているのです。

ただし衆議院のセンセイに比べて、広範囲の選挙区を持つ参議院のセンセイは細やかに回り切れない分、「地元の行事でも、ほとんど姿を見かけないよ」という声が上がりがちなのですが、衆議院も参議院もそれぞれ違った視点から政治を支えているということを、ぜひ理解していただきたいと思います。

ちなみに、「代議士」という呼び名は衆議院のセンセイのみに使われる別称で、通常、参議院のセンセイには使いません。参議院の場合、「議員」と呼ぶのが正しいようです。

選挙という登竜門

立候補する覚悟

さて、センセイたちも、政治の世界に入る前は別の仕事をしていたわけで、一般の国民という意味では皆さんと一緒でした。何も、生まれながらにして特別な存在であったわけではありません。

大学等の教育機関を卒業してダイレクトに選挙に挑戦する人、政治の世界を勉強してから立候補する秘書、親の後継者として挑戦する二世・三世議員、官公庁を辞めて立候補する元官僚、民間企業の元役員など様々です。そこで、現在の国会のセンセイたちの経歴を、職業別にまとめてみました。(次頁参照)

こうしてみると、本当に色々な職業からセンセイになっているのが分かると思います。政治家の家系ならいざ知らず、普通の仕事をしてお給料をもらい、安定した生活をしていた人が選

国会議員の出身職業と人数

職業	人数	職業	人数
都道府県議会議員	129	知事・副知事	7
会社員	109	NPO・NGO	6
国家公務員・地方公務員	107	プロスポーツ	5
議員秘書・事務所員	82	大学職員	4
メディア	37	芸能界	3
法務（弁護士・裁判官・行政書士）	36	大使館職員	3
医療関係	30	学校法人	3
市区町村議会議員	30	県議スタッフ	2
有識者（博士・修士含）	28	国連職員	1
市区町村長・副市長	25	都市計画プランナー	1
会社役員（経営者含）	20	主婦	1
政党職員	15	保育士	1
組合職員	11	独立行政法人	1
会計士・税理士	9	OECDスタッフ	1
教員職	7	大学卒	1

※「衆議院要覧」「参議院要覧」の議員略歴より宇都隆史事務所にて作成（2014.3.27現在）

挙に出馬するのは、清水《きよみず》の舞台から飛び降りるどころか、スカイツリーのテッペンから飛び降りるくらいの必死の覚悟を迫られるものです。

それに、本人の覚悟は当然としても、選挙は多くの人々を巻き込むため、身内の理解を得られるかどうかも重要な要素です。多くのセンセイが立候補に際して、「家族（特に奥さん）を説得するのが、最大の難関だった」と言うのもうなずけます。

法律では、衆議院で25歳以上、参議院で30歳以上の日本国籍を有した人なら誰でも立候補できることになっています（公職選挙法や政治資金規正法を犯した一部の者を除く）。しかし、当選するためには、政党の公認を得られるかどうかという大問題をクリアしなければなりません。もちろん、無所属で立候補することは可能です（衆・参議院比例代表を除く）。なかには、出馬することに意味があるという泡沫《ほうまつ》候補もいるでしょう。

しかし、選挙には「供託《きょうたく》金」という制度があります。これは、いわゆる没収金で、冷やかし半分に立候補する者をなくして、有権者が混乱しないように制定されたものです。国政選挙に立候補する場合は、法務省に供託金（選挙区300万円、比例代表区600万円）を預け、一定の得票を得られなかった候補者は、それを没収されるのです。

このような制度があるからこそ、勝てる見込みのない選挙に面白半分に立候補する人はいなくなるわけです。しかし現実には、当選の見込みがないのに立候補する方も少なからずいますから、供託金制度もお金持ちに対しては有効でないのかもしれません。

もし仮に、運よく当選したとしても、無所属では、実質的に政治に関与していくことは不可能です。内閣の一員（与党）となることなど決してできませんし、一人では法律案を提出することすらできません。議会における質問に関しても、質疑時間は大会派順に割り振られるため、無所属では数分程度の短い時間だけしか与えられないので、実質的に支援してくれた有権者の要望に応えることなど到底できないのです。

公認の重要性

そのため候補者は、既存の政党から公認を受け、組織的に戦うことが必要となります。そして、当選したセンセイたちは、政党ごとに議員数を確保し、政権運営や議会運営を組織的に行うのです。この仕組みを「政党政治」といいます。

政党政治に関しては、詳しくは第2章でお話しすることとして、ここではもう少し政党から公認をもらうことが、どんなに大変なことかをお話ししておきたいと思います。

既存の政党から全面的な支持を受けて選挙を戦うには、その政党から「我が政党が公式に認定した候補者である」というお墨付き、いわゆる「公認」をもらう必要があります。

この公認をもらう基準は政党によって様々ですが、少なくともその政党の掲《かか》げる政治理念や政策に対し、賛同できることが大前提でなければなりません。

公認には、自薦《じせん》と他薦がありますが、現在はより透明性のある候補者選定のため、「公募」というやり方を採用しているところが多いと思います。

私は自薦により公認をいただきました。平成21年12月9日のことです。当時は、自民党から民主党へ政権交代したばかりであり、民主党政権が最も勢いのあったときでした。

マスコミ各社は、「しがらみのない民主党政治が誕生、2期8年は確実視」とこぞって持ち上げていた頃でしたから、自民党から立候補したいという35歳の新人は、稀有《けう》な存在でありました。一般の有権者から、「どうして今さら、消えゆく自民党から出馬するの？」「政治は先が見えてないと駄目だよ？」「民主党から出れば応援するのに」と言われたことは、一度や二度ではありませんでした。

そんなときですから、逆に自民党からは「よくぞ、この逆風の時期に、ウチから出馬しようと決心してくれた」とありがたがられたものです。自衛官として国防の現場を経験し、「憲法も含め安全保障法制を抜本的に改正しなければ、日本の独立は守れない」と確信していた私にとって、自主憲法制定を掲げる唯一の政党である自民党以外からの出馬などあり得ず、追風だろうが逆風だろうが関係ありませんでした。

そこにあったのは、「俺がやらなきゃ誰がやる！」「いつ出るの？　今でしょ!!」という、ほとばしる熱い思いだけでした。

今思い返せば、戦略も勝算もなしに、ずいぶんと無謀なことをしでかしたものだと背筋が寒くなります。

しかし、コネも金も知名度（三バン＝地盤、カバン、看板）もない新人が、いきなり国政に挑戦しようとすれば、こうした政治の混乱期に乗じて立ち上がるか、世代交代の起こりそうな選挙区で根気強く順番を待つ以外に方法はないように思います。

現在は、圧倒的勝利をした自民党による安倍政権が誕生し、今度こそ2期8年どころか、「安定した長期政権」を多くの国民が望んでいます。このような政治の安定期に入ると、政権与党からの公認は得づらくなります。

もし皆さんの周りに、これから政治の道を目指したいという人がいたら、どこの政党から出馬したいのかを先に聞いてください。

もしその人が「本当は○○党から出たいけど、順番が回ってこないから、どこの党でもこだわりません」と言うなら、かかわり合わないほうがいいでしょう。そういう考えでセンセイになった政治屋に政治を任せるのはとても危険です。「朱《しゅ》に交われば赤くなる」という諺《ことわざ》がありますが、政治は「理念と政策」を最も重視しなければならない職業で、いわばセンセイにとって「理念と政策」は魂そのものです。

その魂を売ってでも、センセイになりたいという人は、国家にとって百害あって一利なし！絶対にセンセイにしてはならない種類の人間だということを、有権者の皆さんは肝《きも》に銘《めい》じておいてください。

選挙資金というハードル

このように既存の政党から公認をもらうのは大変なことです。しかし、運よく公認を得られたからといって、あとは政党ですべての面倒を見てくれると思ったら大間違いです。

選挙において、候補者を最も悩ませるものは、何といっても「選挙資金」です。「公認さえ取れれば、あとは政党が資金丸抱えで応援してくれるものと思ってたのに……」という甘い考えでは、絶対に当選などできません。

ポスター・名刺・活動ビラを作成し、選挙区の一番良い場所に選挙事務所を構え、選挙カーを手配し、運転手やウグイス嬢等のスタッフをそろえ……といった一般的な選挙スタイルを実施しようとすれば、どんなに節約しても数千万円の経費が掛かります。

この選挙資金は、一部は政党からの助成もありますが、ほとんどは候補者自らの努力で準備しなければなりません。よって、大した貯金も財産もない若者が出馬する場合、大抵は借金をしたうえで戦うことになります。

「センセイも選挙落ちればただの人」という川柳がありますが、あれは大きな間違いです。正しくは「選挙落ちれば多額債務者」というべきです。「全人生を懸《か》けた大勝負」、それが候補者にとっての選挙の本質的リスクなのです。

法律ができるまで

さて次に、センセイの仕事内容に話を移しましょう。

私たちの国、日本は法律に則《のっと》り統治を行う「法治国家」です。国の最高機関である国会において法律を定め、それに従って各役所が国の運営を行います。

その国会で働き、法律を作ったり、予算を定めたりするのがセンセイの主たる仕事です。

では、具体的にどのようなプロセスを経て一つの法律が誕生するのか、ご存知でしょうか？

ここではそれを話してみたいと思います。

三権分立と2種類の法律

法律について説明する前に、まず三権分立について基本的な知識をおさらいしておきましょう。日本は三権分立の統治機構を定めています。三権分立とは、法律を作る国会（立法権）、法に基づいて事業を執行する内閣（行政権）、法を犯した者を裁く裁判所（司法権）を、それぞれ独立させることで権力の集中を防ぐと同時に、相互に抑制し合うことで権力の均衡《きんこう》を図る統治機構のことです。

選挙で選ばれたセンセイは、法律や制度を作るために国会で働く立法府の人になるわけですが、日本は大統領制ではなく議院内閣制を採用していますから、一部のセンセイは総理大臣に任命されて、大臣や副大臣、大臣政務官といった政権の一員として役所において働く場合があります。一時的に二つの顔を持つことになるわけですが、内閣に属している間は立法作業には加われないため、行政側の人として活動することになります。つまり国会議員という立場よりも、大臣や副大臣、大臣政務官という内閣の立場が優先されるのです。

法律には「閣法《かくほう》」と「議員立法」の2種類があります。

内閣は行政権、つまり実際の政治の舵取《かじと》りを行うため、法の不備や制度の問題点もよく見えます。そこで内閣のほうから「こういう法律が必要なので制定をお願いします」と国会に提出された法案を「閣法」というのです。

一方、内閣入りせずに、国会に所属しているセンセイたちが、自分たちで問題点を洗い出し、立法作業を行って国会に提出する法案を「議員立法」といいます。この「議員立法」は、法案自体を役所が作成してくれる「閣法」と違い、議員自ら作成しなくてはなりません。

まずは勉強会を複数回開催して問題点を洗い出し、衆議院や参議院の法制局の職員に助けてもらいながら、実際の法案作成を議員自ら行い、議員連盟を立ち上げて賛同者を募り（国会に提出するためには、衆議院で20名以上、参議院で10名以上の賛同者が必要）、国会においてスムーズに審議していただけるように各政党の政策審議機関や提出予定の委員会の理事等に事前説明や賛同の根回しをするといった、閣法であれば役人の皆さんがやってくれることを、すべて議員自らが行わなければならないのです。

議員立法は、内閣に入れない野党のセンセイたちが提出することが多いのですが、政府から提出しづらいような案件に対しては、与野党の超党派のセンセイで議員連盟を作り、法案を提出する場合もあります。

平成28年3月に成立した、海外の戦没者の遺骨の帰還事業を推進させるための法律「戦没者の遺骨収集の推進に関する法律」は、私が法制局の力を借りて、実際に法律の文章を作った初めての議員立法でした。

さて、閣法の話に戻ります。閣法は法案として国会に提出する前に、与党の党内手続きを経る必要があります。つまり、内閣は立法府である国会に対し、法律の制定をお願いする立場ですから、まずは政党において審議をしてもらい、法案としての了承を取り付けておかねばなりません。

自民党では、「部会」と呼ばれる政策審議のための会議が開かれます。この部会は、テーマや省庁ごとに、内閣部会、国土交通部会、文部科学部会、外交部会、国防部会というように分かれています。

法案を提出する予定の省庁の担当者は、この部会に出席して、センセイたちに法案の趣旨や内容を説明します。センセイたちはこの部会に自由に参加することができ、役所に質問をしたり、法案に反対したり、修正の意見を述べたりすることができます。

大して問題のない法案は、スムーズに了承されますが、色々と物議を醸《かも》しているいわくつきの法案の審議となると、何日も何日も紛糾することになります。

部会での激論

紛糾した最近の例では、法務部会において「非嫡出子《ひちゃくしゅっし》の相続額を嫡出子と同額にする民法の一部改正案」を議論したときがそうでした。この法案は、父親が亡くなった際に、正規に結婚していない女性との間に生まれた子供が受け取ることのできる相続額が、正妻との間に生まれた子供の半額であるのは、憲法14条が規定する「法の下の平等」に反するとした最高裁判所の違憲判決に基づき、相続額を同等とするように改正するものでした。

しかし、この法案には多くの反対意見が噴出しました。私も反対側の論陣を張った一人です。日本は婚姻届を提出することによって正式な夫婦と認める法律婚主義をとっています。反対派からは、この法改正により家庭の意義が失われ、事実婚や夫婦別姓を助長する危険があるという意見が多く出ました。

また、裁判所はこれまでの同様の裁判において一貫して「合憲」と判断しておきながら、急に「違憲」判決を下しました。１８０度違う結論が導かれた理由を、「環境の変化」としか説明しておらず、判決そのものが論理性を欠いている点にも批判が集中しました。

さらに、裁判所は憲法81条において違憲審査権を有していますが、その権限は、個別の事案についてのみ憲法違反かどうかを判断できるという付随的な権利であって、現行の民法の規定が憲法に違反するかどうかの判断は、裁判所の則《のり》を越え、立法権の侵害にあたるのではないかという意見もありました。

賛成派には元弁護士や法務省出身のセンセイたちが多く、一方、反対派は家族や日本らしい文化伝統を保持しようとする保守系のセンセイたちが中心でした。なかなか議論の収束を見ないなか、部会長が法案の了承を「部会長一任」にしようと強引に試みたために、怒号《どごう》と罵声《ばせい》とで会議は紛糾したのです。

法案審議はその後数日間におよび、最終的には、相続制度全体を1年かけて見直し、また正妻や家族制度が守られるような施策を新たに検討することを条件に、部会了承となりました。

このようにして、世間でも注目されているような法案は、政府側から一方的に国会へ提出されるわけではなく、与党内において様々な角度から慎重な審議を行い、問題点も対応策も十分に議論されたあとで国会審議にかけられるわけです。そこに至るまでの過程は、普段、目に触れることはありませんが、このようなセンセイたちの活躍の一端も知っておいてください。

法案提出までの流れ

話が横にそれましたが、法律のできるまでの流れに戻ります。

部会で法律案が了承されると、政務調査会という一つ上の審査機関において、法律としての不備や問題点がないかチェックされ、最終的に総務会の審議にかけられます。総務会に出席して発言できるのは、総裁、副総裁、幹事長、政務調査会長、総務会長の他、数名という限られた幹部役員メンバーのみです。なかには、せっかく総務会まで来たのに幹部役員によるダメ出しに合い、あえなく部会へ差し戻される法案もあります。

総務会の了承を得ると、政党としての最終的な了承を意思決定したこととなるので、それ以降は、個人的に反対であっても党の意思決定に従わなければなりません。にもかかわらず、党議拘束を破って反対票を投じたりすれば、場合によっては処罰の対象となり、最悪は除名処分ということもありえます。

「議論している間は、たとえ反対意見であっても自由闊達《かったつ》に発言して構わない。しかし侃々《かんかん》諤々《がくがく》の議論の末に、一度党としての決定を見たら、多少の不満やシコリがあっても、不平不満を表に出さず、グッと呑《の》み込み一致団結して、法案の成立に全力を尽くす」というのが、自民党の良き伝統です。政党とはそうあらねばなりません。

人間ですから色々な考えの人がいます。それを最終的には纏《まと》め上げ、結果を出せるか否かが「責任ある政党」と、そうでない政党との大きな違いです。自分たちの政党内の意見を一本化できないようでは、難しい諸課題を解決に導く政権の運営などできるはずもありません。何も決められない政党を選ぶのでなく、１００点満点の回答でなくとも着実に結果を出し、政治を前に進めていける政党を選ぶほうが大切だということを忘れないでください。

このようにして、党内手続きを終えた法案は、閣法として開会中の国会へと提出されるのです。提出された法案は、原則として衆議院から審議されます。各院には、法案を審議するため

委員会の種類（一例）

衆議院		参議院	
常任委員会	特別委員会	常任委員会	特別委員会
内閣	災害対策	内閣	災害対策
総務	倫理公選	総務	倫理選挙
法務	沖縄北方	法務	沖縄北方
外務	青少年問題	外交防衛	拉致問題
財務金融	海賊・テロ防止	財政金融	ODA
文部科学	拉致問題	文部科学	消費者問題
厚生労働	消費者問題	厚生労働	東日本大震災復興及び原子力問題
農林水産	科学技術・イノベーション推進	農林水産	
経済産業	東日本大震災復興	経済産業	
国土交通	原子力問題調査	国土交通	
環境		環境	
安全保障		決算	
国家基本政策		国家基本政策	
予算		予算	（国の統治機構）
決算行政監視		行政監視	（デフレ脱却）
議院運営	（憲法審査会）	議院運営	（憲法審査会）
懲罰	（政治倫理審査会）	懲罰	（政治倫理審査会）

の委員会が設置されていて、法案のテーマに沿った委員会に付《ふ》託《たく》されます。委員会の種類は上の表のとおりです。

ちなみに、センセイは複数の委員会を掛け持ちします。私の場合だと、常任委員会の予算と外交防衛、そして拉致問題特別委員会と憲法審査会を受け持っています。このように委員がかぶっている委員会も多く、複数の委員会を同時に開けない場合もありますし、衆議院と参議院の間で、答弁する大臣の取り合いが起きないように、スケジュールを調整しなければならないため、委員会を開催するのも一苦労です。その調整は、各委員会の理事に就いているセンセイたちや、国会運営を担任する国会対策委員会のセンセイたちが行います。普段、国民の皆さんの目に触れない裏方仕事ですが、スムーズに国会を運営するために、なくてはならないとても重要なポジションです。

法案審議と「攻防」

さて、委員会が開かれたとしても、付託された法案が自動的に審議され、採決を経て成立するわけではありません。実は、そこから本当の与野党の駆け引き、いわゆる「攻防」が始まるのです。

与野党が、あまり対立していない法案の審議はスムーズに進みます。ある法案が提出されたときの、理想的な審議の流れを説明します。

まず、多くの法案は衆議院から審議されるのが普通ですので、役所は衆議院に法案の提出をします。衆議院に提出された法案は、所定の委員会に付託されます（例えば、総務省が提出した法案であれば、総務委員会へと付託されるというふうです）。

委員会においては、まず大臣から法案趣旨の説明が行われ、その後、所属する委員が会派人数の多い政党から、大臣や役人を相手に質問を順次行います。法案審議が一定の時間行われると（法案の重要性にもよりますが、スムーズな審議だと半日で終わることもあります）、質疑は終局したものとして討論に入ります。討論では「賛成」か「反対」かを明確にして、その理由を端的に陳述します。与野党ともに賛成の場合は、討論自体が省略されます。

そして最後に、委員長による採決が行われるのです。民主主義のルールですから、最後は多数決によって過半数以上の賛同が得られれば可決されます。

委員会で可決された法案は、衆議院に所属する全議員４７５名が出席する衆議院本会議に上《じょう》程《てい》され、議長のもとで採決が行われ可決します。

衆議院を通過した法案は、同様のプロセスを参議院においても行います。しかし、衆議院で一度審議をしているので、その内容等も踏まえつつ、参議院ではさらなる本質的部分への質問や、違う切り口からの審議が求められます。

そして参議院の本会議において可決されれば、法案は無事に成立することとなるのです。審議の途中で野党から修正を求められ新たに文章を書き足したり、付帯決議《ふたいけつぎ》といって、法案の内容は変えないものの、末尾に注文が付いたりと、成立した法案は審議を経ることによって提出されたときよりも洗練されたものとなります。

ところが、この法案成立の過程で対策が施されていない新たな問題点が浮かび上がったり、質問に対して大臣や役所が適確に答弁できなかったりすると、審議がストップし国会が開いている期日内（会期といいます）に参議院本会議までいかないことがあります。審議の途中で国会が閉会になると、法案は一度「廃案」となり、次の国会で再度提出し直し、もう一度所定のプロセスを踏み直す必要があります。

ですから、国会の会期末ともなると、参議院では多くの審議中の法案を抱えて緊迫した空気が漂い、センセイたちも胃が痛くなるような毎日を過ごすことになるのです。

さて、与党が可能な限り早くスムーズに、しかも短い審議時間で成立させようとするのに対し、野党は色々なことに難癖《なんくせ》を付けては、ありとあらゆる妨害を仕掛けて、できる限り審議を遅らせ、法案成立の引き延ばしを図ったり、成立そのものを阻止したりします。

憲法や法律で、国会における法案の審議時間や採決までの日数が決まっていれば苦労はないのですが、それがないために、これまでの慣習や前例を参考にしながら、それぞれの委員会の筆頭理事が協議をしながら日程調整をし、審議時間を決め、法案の成立にこぎつけるのです。世論を二分するような、重大テーマの法案が、様々なドラマを繰り広げながら、最後に成立したときの感動といったら、言い表しようのない充実感にあふれています。

「特定秘密保護法」成立の舞台裏

特定秘密保護法の趣旨とネガティブキャンペーン

特定秘密保護法の成立がまさにそうでした。特定秘密保護法は典型的な闇法で、「国家安全保障特別委員会」という新たな委員会を定めて付託をされました。

この法律の趣旨は、次の3点です。

①これまで存在しなかった秘密の指定に関する一定のルールを省庁横断的に定め、情報の縦割りの垣根を取り払うこと。

②秘密に指定された情報を取り扱う公務員の審査基準を定め、漏洩《ろうえい》した場合の罰則規定を重くし、情報管理体制を強化すること。

③秘密の情報を扱う政治家にも同様の罰則を与えること。

安倍政権を攻撃したい野党や新聞社の多くは、「政権の右傾化《うけいか》であり、世紀の悪法である」とのネガティブキャンペーンを繰り広げました。しかも、法案に対する批判の多くは、あり得ないような実例を挙げて国民の不安を煽《あお》り、意図的に世論をミスリードするものばかりでした。

例えば、米軍のオスプレイの写真を携帯電話で撮って知人にメールしただけで逮捕されるとか、市民団体が原発問題に関して議論しているだけで逮捕されるとか、記者が特定秘密と知らずに取材しただけで逮捕されるとか……。もうヒステリーとしか言いようのない反対が巻き起こり、国会の周囲もデモに包囲される有様《ありさま》でした。

しかし、デモの参加者の多くは、この法案を読んだこともなければ、内容もよく知らずに「怖い法律だと新聞も言っているし、今反対しておかないと大変なことになるとテレビで有名人が話してたから」という程度だったのではないでしょうか。

でも中心的に旗を振っていたのは、いわゆる左翼団体で、事実、法案成立前のピーク時には、「革マル派」「全学連」などの旗や幟《のぼり》が出てきたのには笑ってしまいました。今の若い人たちは知らないかもしれませんが、この団体はかつて1960～70年代の安保闘争時代にヘルメット・角棒・サングラスといういでたちで、警察に火炎瓶《かえんびん》を投げつけたり、大学を占拠して授業妨害を行ったり、仲間内でリンチ殺人事件を起こしたりした団体で、警察にも「極左《きょくさ》暴力集団」として扱われている人たちです。賢明な皆さんなら、安倍総理と彼らと、どちらが国や市民にとって危険な人たちか、分かりますよね？

しかし、ああも連日にわたって大手新聞やテレビが「戦争中のような息苦しい世界になる」「民主主義が破壊される」などと喧伝《けんでん》すれば、まともな一般の人でも、不安な気持ちになるのが当然でしょう。しまいには作家さんや映画関係者までもが、「表現の自由が守られなくなり、創作活動に支障をきたす」というような反対声明を出す異常な事態になりました。

もう一度繰り返しますが、この法律は特定秘密を取り扱う国家公務員や議員の規定を定めるもので、一般の人にはまず関係ありませんし、普通の創作活動をやっていて特定秘密に触れるなどということは絶対に考えられません。役所に忍び込んで秘密の文書等が管理されている金庫をこじ開けて盗むとか、公務員を脅して持ってこさせるとかすれば別ですが、そういう行為はそもそも犯罪にあたるわけですから、現行の法律でも罰せられることです。

このような状況でしたから、衆議院の審議が始まってから、与党のセンセイたちも強引なことはせず、ていねいに誠実に説明と議論を尽くし、総審議時間は実に69時間5分〈衆議院45時間54分〈与党12時間30分、野党22時間0分〉参議院23時間11分〈与党2時間41分、野党16時間49分〉〉という前代未聞の長時間を費やし、かつ最終的には、日本維新の会とみんなの党からの修正協議に応じた形で質疑を終局させたのです。

参議院での攻防と舞台裏

参議院では冒頭より、「絶対に成立させない」とする民主党を中心とした野党と、「この臨時国会中に必ず成立をさせなくては」という与党の火花を散らす攻防でスタートしました。先述したように、法案が採決に至らずに審議継続のまま国会の最終日を迎えると、廃案となってしまいます。その場合は、次期国会に改めて提出し、衆議院の審議からやり直さなくてはなりません。

参議院のセンセイたちは、「もう一度、同じ審議を繰り返すなんて絶対にダメだ」という衆議院からの強いプレッシャーと、「必ず成立すべし」という政府からのプレッシャーで、残されたカレンダーの日数を目で追いながら、まるで地雷原を匍匐《ほふく》前進でジリジリと進んでいくような気分で毎日を過ごしました。野党としては、委員会を開会すれば審議時間が積みあがっていき、採決の日が近づいてきますから、何だかんだとイチャモンをつけては委員会が開けないようにします。

お互いの筆頭理事の間で開会の条件が折り合わない場合は、国会のルールに基づいて委員長が職権をもって開会するしかありません。すると、野党は「強引な運営だ」「数の横暴だ」「前代未聞だ」と、与党がさも不誠実であるかのようなレッテル張りをするのが常套《じょうとう》手段で、法案に修正合意し衆議院では賛成したはずの政党まで、なぜか反対に回って攻撃するという最悪のムードになっていきました。

国会の会期も残り2日となった平成25年12月5日、私はこの法案の質問に立ちました。その頃、自民党では、「これ以上審議を継続しても、平行線で決して意見の一致はない。質疑内容も真新しい論点はなく、互いに見解の相違を繰り返しているだけであるため、採決に踏み切るべきである」との意見が大多数でした。

私は質問のなかで、この法案の重要性や必要性を説明しつつ、国民の不安の声として上がっている、①恣意的《しいてき》な秘密の指定、②権力の暴走、③表現の自由・知る権利への侵害、この3点が助長されるわけではないということを強調しました。

特に民主党政権時代の例を挙げて、尖閣《せんかく》ビデオを恣意的に秘匿《ひとく》したり、「民主主義とは期限を切った独裁だ」などと言ってスピーディ（緊急時迅速放射能影響予測ネットワークシステム）の情報を隠蔽《いんぺい》したり、防衛省の通達によって部外者の言論を統制しようとしたりと、この法案がない現状においてもそのような問題は起こり得ることを指摘し、だからこそ、権力が秘密を指定し取り扱うための明確なルールを定めなければならないと訴えたのでした。

自分たちの政権運営を批判された民主党のセンセイたちは頭に血を上らせ、私の質問に噛《か》み付いてきました。その野次《やじ》や怒号のすごさといったら、私の質問や大臣の答弁が聞こえないくらいでした。2問目の質問を終えた時点で、自民党の同僚議員が突然立ち上がり、「委員長！これにて質疑を終局し、ただちに採決を行うことを求めます！」という緊急動議を提出しました。

その後は、もう皆さんがテレビ等でご覧になったとおりで、場内は騒然《そうぜん》――。野党委員が委員長席にどっと押し寄せ、怒号と罵声のなかの採決となり、特定秘密保護法案はなんとか可決されたのでした。

しかし、これはちゃんと国会のルールに則った手続きですし、「強行採決」とマスコミは批判しましたが、相手が採決を絶対に阻止しようとしている以上、どこかの段階で多数決を取り判断するというのが民主主義のルールです。少数意見を絶対に譲らず、それが通らなければ「数の横暴だ」などと言うのは、逆に少数派のエゴに他なりません。

特定秘密保護法は、参議院本会議採決において、賛成130票、反対82票で可決しました。法案が成立したときは、すでに夜の12時を回っていて、会期末ギリギリセーフの成立でした。

政治家《センセイ》の一日

休みがないのは当たり前

さて、センセイの仕事は国会の中だけではありません。法律や制度をよく知るために勉強もしなければなりませんし、支援してくださる組織・団体・企業とのお付き合いや意見交換も大切な仕事の一つです。

そこで、私のとある一日を例に、センセイの日常を追ってみましょう。

52ページのように、センセイの一日は多忙で、分単位でスケジュールをこなしていかねばなりません。勉強もよくして、常に頭をフル回転させなければなりませんが、それ以上に体力に自信があり健康でなければ務まりません。

また、ここでは平日の流れを提示しましたが、週末となると各センセイは地元の選挙区に戻り、支援者や一般有権者の声を聞き、問題点や要望をしっかりと把握して、それを国会に持ち帰り、議論して解決の方法を導き出すことが求められます。

こんな生活をしていると、「いつ休んでるんですか」と聞かれることが多いのですが、基本的にセンセイに休みなどありません。先日、勤続25周年を表彰された大センセイも、「25年間

1日たりとも、予定の入っていない日はありませんでした」とおっしゃっていたのを思い出します。

センセイという仕事は、それに見合った対価を求めようなんて思っていたら絶対に割に合わない仕事です。喜んで楽しんで社会のため国のために尽くすことのできる変人にしか向かない職業だと思います（笑）。

以前、民主党の候補者募集のポスターに、「休みはなくなる。批判にさらされる。からだはきつい。収入は減る。当選の保証なし。しかも民主党だ。それでも日本を救う気概があるなら、ぜひ応募を。」というものがありましたが（笑）、自らの党を「しかも民主党だ」と自虐《じぎゃく》して、果たして有能な人材が集まるかどうかは疑問ですが、それ以外は議員の日常をよく表しているなぁと感心しました。

色眼鏡を外すと見えるもの

さてここまで、政治の世界で活動するセンセイの生《なま》の姿をお話ししてきました。

「どうせ、政治家なんて……」という色眼鏡を通したイメージが、一生懸命に仕事をしている、生き生きとしたセンセイ像へと、少し変わってきたのではないでしょうか？

政治家《センセイ》の一日 完全密着取材

▼start!▼

06:00 起床は6:00、寝起きは良い方で、朝食もしっかりいただきます。

07:40 議員の朝は早い。起床一番、自民党本部で行われる部会に出席のため、電車で永田町に向かいます。まだ1年生議員ということ以上に、なにより積極的・主体的に活動を展開するため、徒歩や電車で動き回ります。

08:00 早朝、党本部で行われた「資源・エネルギー戦略調査会」に出席した一コマ。東日本大震災以降、特に注目が集まる我が国のエネルギー問題。資源エネルギー庁高官や要人を招いて、エネルギーの現状、需給、情勢、基本計画などについて、幅広く質疑応答や意見交換を行いました。

09:00 登院する際、衆・参両議院ともに、議員は議事堂入口にある自分の名前に明かりをともして国会に入ります。

党国会対策副委員長の重責を拝命している著者は、法案の内容や国会審議の進行について、他党との交渉に加えて、各省庁との連絡調整役を務めています。写真の表情からも国政への責任感や意気込みが伝わってきます。

09:20

アフリカ・ウガンダ共和国からの来賓が、参議院にて行われていた予算委員会を視察されました。一時委員会を中断して来賓に拍手を送る参議院議員一同。

予算委員会　与党理事懇談会、通称「与理懇」での一コマ。与党理事らによる、こうした地道な調整を重ねつつ、国会運営が成り立ちます。笑顔で写真に収まる著者。

09:40

11:00

予算委員会での一コマ。集団的自衛権の容認や NSC 設置問題をはじめ、国民生活に大きな影響を及ぼしかねない消費増税問題など、多岐にわたって質疑が行われました。長時間にわたる質疑応答でしたが、予算委員会の理事として、著者もしっかりと責務を果たすことができました。

12:00 党本部付近で開かれた派閥（平成研究会）の会合へ出席。議員は食事の時間も無駄にはできません。額賀福志郎会長（衆議院議員）を中心に、昼食を取りながら活発な意見交換を行いました。

14:00 参議院議員会館にて行われた「航空機産業推進議員連盟」の勉強会に出席。今後の航空事業ビジョンや政策について、政府や有識者と共に意見交換を行いました。日本はジェットエンジンなどの製造能力を有する、世界主要航空工業国の一つ。航空機産業の今後の発展のため努力を続けています。（司会を務める著者）

16:20 自衛隊官舎の値上げ問題について、著者の考えを防衛省に伝えました。自衛隊出身議員ということもあり、著者の問題意識は人一倍。日々、我が国の防衛や安全保障の健全化を念頭に活動を続けています。

17:00 スケジュールの合間を縫ってビデオレターの収録に臨みます。議員の思いをメッセージにして定期的にお届けしています。

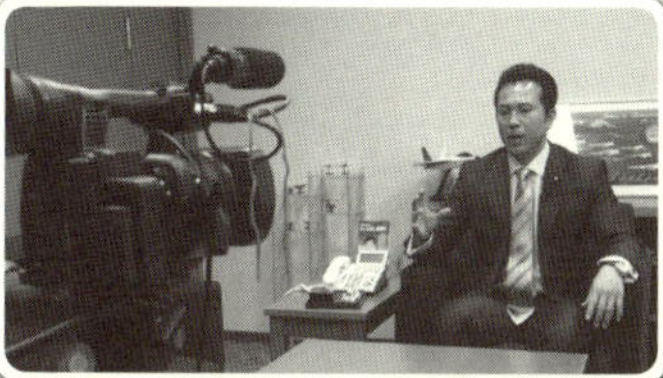

18:20 靴底の減りは活動の証でもあります。国会議員は、専用車やタクシーなどでの移動イメージが強いかもしれませんが、電車や徒歩で動き回る議員も実に多く、著者もその一人。「あぁ、また一足履きつぶしてしまった」とつぶやきながら、新しい靴を手に取って選んでいるところ。

19:00 防衛省全国情報施設協議会の会合で挨拶をする著者。平日の夜は、多くの会合に出席し情報交換に努めるのも仕事のうちです。

23:45 帰宅。翌日の朝も早いので、しっかりと睡眠をとるようにしています。

かくいう私も、センセイになるまで、政治家に対し良いイメージを持っていませんでした。しかし、実際にセンセイになって生身の人間としてお互いに付き合ってみると、どの政党のどのセンセイも愛すべき人間味にあふれた人たちです。

今後は是非、政治家を「別世界の人」として遠ざけるのではなく正しく認識し、政治という分野の一職業人として、普通の人と同じように触れ合っていただきたいと思います。自分たちで選んだセンセイなのに、「一度も会ったこともなければ、どういう人なのかも分からない」というのではあまりに寂しいではありませんか。政治を食わず嫌いにせず、人間社会の一部として捉え、まずは接点を持つことから始めてみましょう。

そこで、次の章では、センセイとどのように付き合えばよいのか、具体的な政治参画の方法についてお話ししてみたいと思います。

第2章

政治家《センセイ》との正しい付き合い方

今日の予定です！
それから法案説明
この後すぐに勉強会
お昼は昼食懇談会です
あ、来賓挨拶の依頼がありました
その後、夕方まで委員会があります
夜は会合3件です
今日も忙しいですよ
たまには昼食ぐらいゆっくり食べたいよ…
昼食懇談会のあと一時間ほど空いてますが…
RRR
うとたかし事務所です
林会長！ 御無沙汰しております！
えっ？ 今日のお昼、事務所へ遊びに？
一時間予定が空いていますから大丈夫ですよ！
林会長とのアポ、取っていいですよね！
うん…いいよ…
参議院議員 うと たかし
ねぇちゃん
封詰め作業中
センセイってずっと働いてるけど、いつ休んでんの？
きいてる？
そう言われてみれば、私がこの事務所に来てから休んでるの見たことない気がするなぁ…
センセイが一日休みだったとき？
うーんと…
去年の大晦日ぐらいじゃないかしら
しれっ
えーっ!?
GWやお盆は…
そんなのないわよ♪
よく倒れませんね…

政党って何だろう？

さて、皆さんの地元選出のセンセイは誰でしょうか？　衆議院でも参議院でも構いません。一人くらいは分かるでしょう？　「誰ひとり知らない」という方は、ちゃんと前回の国政選挙に行きましたか？

では、すぐに調べてみましょう。「衆議院（参議院）○○県」とインターネットで検索すればすぐに確認できると思います。そのセンセイのホームページに移動すれば、地元の後援会事務所の場所や、センセイの経歴、所属する政党、政治信条やどのような政策を推進している人か分かると思います。

特に、どこの政党に所属しているかは、政治と向き合ううえで重要なファクターです。

そこで、この章では、そもそも政党（政党政治）とはなんなのか？　また、日本にはどれだけの政党が存在し、それぞれにどのような考えを持って集まった人たちなのか？　ということから話してみたいと思います。

政党政治と政党の役割

政党政治とは、「理念や政策の一致する複数のセンセイが『政党』と呼ばれる集団を形成し、この政党単位で選挙を戦った結果において、最大議席を得た政党が中心となり議会運営を主導する政治の仕組み」のことで、独裁政治や絶対王政と正反対に位置する民主主義の政治の根幹をなす制度です。ですから、政党が存在しても、お隣の国のように、中国共産党の一党独裁で国家運営をしているような統治制度は、「政党政治」とはいいません。

日本において、正式に政党と認められるためには、次のいずれかの条件を満たす必要があります。

①政治団体のうち、所属する国会議員が5名以上を有するもの

②所属する国会議員が1名以上、かつ近い国政選挙において全国を通じて2％以上の得票を得たもの

条件を満たさなくとも「政党」として政治団体を立ち上げることは自由ですが、その場合、選挙区の政見放送に出演できなかったり（公職選挙法 第150条）、企業から政治献金を受け取ることができなかったり（政治資金規正法 第5条）、国庫から政党交付金を受け取ることができなかったり（政党助成法 第2条）します。

また、仮に政党要件を満たすことだけを目的に野合《やごう》したとしても、そのような烏合《うごう》の衆は、

党内において政治理念や政策の一致を図ることができないため、結局のところ離散分裂して長続きしないものです。どこかにもそんな政党がありましたね。

さて、皆さんは一体いくつの政党（国会に議席を有する政党）があるかご存じですか？　平成27年12月現在で、実に10の政党（政党要件を満たさないものを含めると13）が乱立しています。

少し話はそれますが、平成21年に民主党が第一党となり政権の座に就いたとき、マスコミはこぞって「政権交代可能な二大政党制の第一歩」と言ってもてはやしましたが、果たしてそうなったでしょうか。現実には二大政党どころか、一つの大きな安定政党（自民党）と多数の少数政党の乱立という構図になりました。

これは当然の結果だと思います。なぜなら、私たちの日本は、二大政党制のアメリカなどとは異なり、政策の対立軸を構築しにくい国柄だからです。宗教や民族対立があるわけでもなく、同じ言語を使い、同様の文化・価値観に基づいた社会規範を有し、また他国と比べ経済的にも貧富の差が極めて少なく、中間層の厚いのが日本の特色です。

そうしたなかで、無理に政策の対立軸を作り出そうとすると、本質から外れたイデオロギー的な対立に問題がすり替わったり、財源の裏付けがない甘言《かんげん》を公約として並べ立てたりして、

政党別議席数の内訳

政党名	総数	衆議院	参議院	
自由民主党	408	292	116	与党
公明党	55	35	20	
民主党	131	72	59	野党
日本共産党	32	21	11	
維新の党	26	21	5	
おおさか維新の会	20	13	7	
改革結集の会	5	5	0	
社会民主党	5	2	3	
生活の党と山本太郎となかまたち	5	2	3	
日本のこころを大切にする党	4	0	4	
日本を元気にする会	4	0	4	
新党改革	1	0	1	
沖縄社会大衆党	1	0	1	
無所属	19（1）	11（1）	8	

※（　）内は欠員　　（2015.12 現在）

衆議院　議席数

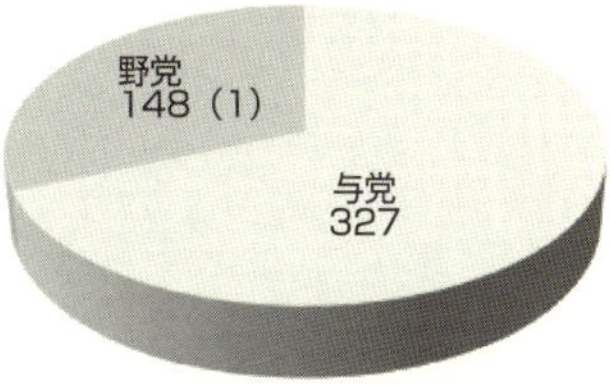

（改憲発議に必要な議席：317）

参議院　議席数

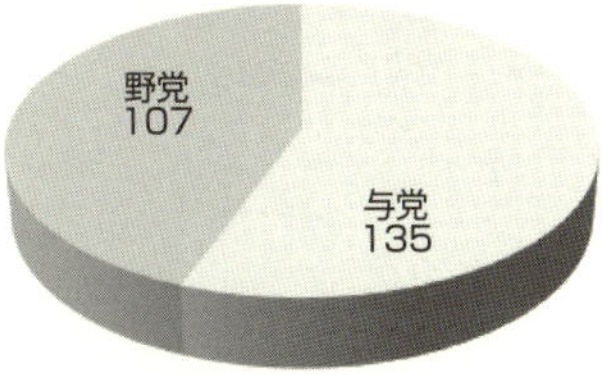

（改憲発議に必要な議席：162）

政治は大衆迎合に陥り、政治不信を招くのは火を見るより明らかです。

多くの国民が、近年の政権交代を経て、嫌というほど思い知ったのではないでしょうか？

話を元に戻しますが、政党政治において、政党が政権運営の中心的役割を担うということは、有権者としてはどこかの政党を支持せざるを得ないということです。

例えば、あるセンセイが「党の方針とは違いますが、私は個人的に反対です！」などという勇ましいことを話したとします。そういう歯切れのいい物の言い方に「彼は素晴らしいから応援しよう」と投票したとしても、そのセンセイの意見が所属する政党の政策として反映されることはまずありません。「人物本位で候補者を選ぶ」のは大切なことではありますが、政治は人気投票ではありません、政策の実現という結果が重要です。

つまり、選挙において候補者を選ぶ際には、そのセンセイが所属する政党の選挙公約を十分に吟味《ぎんみ》して選択することが何よりも重要だということです。自分の求める方向と100％一致しなくても、おおむね政策に共感できる政党を支持することが正しい政治参画の方法なのです。

選挙の際には、最低でも主要政治テーマに対し、それぞれの政党がどのような公約を掲げているかくらいは把握しておきたいものです。

政治参画レベル表

政治参画レベル	政治参画の度合い
LEVEL 0	・政治に全く関心がない ・政党を２つ以上言えない ・地元選出のセンセイを知らない ・選挙には行かない
LEVEL 1 ☆	・政治には、新聞の政治欄やニュースで触れる程度 ・特に支持している政党がない ・地元選出のセンセイは知っているが、会ったことはない ・選挙は用事がなければ行く
LEVEL 2 ☆☆	・支持する政党がある ・地元選出のセンセイの講演を聞いたことがある ・選挙は必ず行くようにしている ・政党を５つ以上言える
LEVEL 3 ☆☆☆	・応援しているセンセイがいる ・センセイの後援会に入会している ・選挙を手伝ったことがある ・国会中継を見るのが楽しみである
LEVEL 4 ☆☆☆☆	・政党の党員になっている ・政治の世界で働いたことがある（または希望している） ・選挙が近づくとソワソワする ・センセイの後援会の拡大に力を注いでいる
LEVEL 5 ☆☆☆☆☆	・応援しているセンセイの後援会役員をしている ・選挙対策の事務局で、中心的な役割を担っている（担ったことがある） ・政治家あるいは秘書を目指している（目指したことがある） ・マイクを渡されて、恥ずかしがらずに応援演説ができる

政治参画レベル

さて、政治に参画するといっても様々なレベルがあります。前頁の表を見たときに、現在の皆さんの政治参画レベルは、どのあたりでしょうか？　表を参考に、自分の政治参画レベルをチェックしてみてください（この表は話を進めやすくするため、私が便宜上作成したものです）。

表のレベル4～5のような、政治の玄人《くろうと》になる必要はありませんが、一般有権者として、せめてレベル2程度くらいまでには、なっていただきたいものです。

実際に多くの有権者は、レベル0ないしレベル1に属する人たちで、これではいつまでたっても日本の政治は良くなりませんし、自分たちの暮らしも改善していきません。

「沈黙は金《き》」では通用しない政治の世界

大切な有権者の意見

ところで、皆さんは生活のなかで困ったことを解決するために、センセイに相談したことがありますか？　センセイにものを頼むと、後から大変なことに巻き込まれるとでも思っている

彼らは「オール沖縄」という掛け声をかけていますよね。

しかし、これがセンセイには結構効くのです。西洋には「泣かない赤子はミルクがもらえない」という諺《ことわざ》があるそうですが、意見として声を上げるからこそセンセイの耳に入り、何らかの対応を促すことに繋《つな》がるのです。

ですから、とんでもない意見であっても、一定数の有権者がまとまって、来る日も来る日も要求してくれれば、選挙を間近に控えたセンセイ（特に選挙基盤の弱い新人など）は、行動を起こさざるを得なくなるものです。

逆に「そんな意見は少数派だから自分を曲げてまで迎合《げいごう》しなくていい。我々多数派が支持しているのだから、今の姿勢を貫け！」と多くの方が声を掛けてくれれば、センセイにとってこれほど心強い存在はないでしょう。

一人一人が声を上げる

例えばですが、アメリカの地方議会で次々と採択されるいわゆる慰安婦像設置の決議なども、参政権を持つ韓国系アメリカ人が多い地域から選出されている議員が、政治的意図を持った有権者に突き上げられて、選挙に勝つために積極的に活動しているわけです。

そもそも、「日本軍が強制連行や拉致を行い、数十万人もの朝鮮の女性や少女をレイプした」などという、いわゆる慰安婦問題自体が、朝日新聞と左翼活動家が結託して、日本人の祖先に対し事実に基づかない冤罪《えんざい》をなすりつけた、極めて許しがたい国辱《こくじょく》行為です。

日本を貶《おとし》めるために、歴史の断片が政治的に利用されている現状を放置しておいては、世界中の外国人に「日本人は酷《ひど》い民族である」というイメージが植えつけられてしまいます。政府としても事実に基づかない主張に対しては徹底的に戦わなければなりませんが、私たち日本人の名誉と尊厳にかかわる大変に肝要な問題で、国民一人一人が声を上げることが大切なのだと思います。

話はそれましたが、センセイをうまく使いこなすには、数を集めて団結して、「頑張れ、応援してるぞ！」と煽《おだ》てて褒《ほ》めながら要望を行い、具体的な成果を出させるのが正攻法なのです。「沈黙は金《きん》」とか「巧言令色少なし仁《こうげんれいしょくすくなしじん》」などという金言がありますが、これらは上に立つセンセイには当てはまっても、民主主義制度下における有権者には全く当てはまらない言葉です。政治の世界においては、「沈黙は無力」と覚えておきましょう。

直接、政治家《センセイ》と話してみよう

政治家《センセイ》に講演依頼

しかし、地方にあるセンセイの事務所を訪ねていっても、センセイに会える確率はほとんどありません。国会開会中の平日であれば、センセイは東京で仕事をしていますし、仮に週末に地元に戻っていても、地元秘書が分刻みのスケジュールをびっしりと入れているので、じっくりと話を聞いてもらうことなど不可能に等しいと思います。

しかし、それでは地元の有権者の意見を国政に反映させる機会は永遠に訪れません。そこで、お勧めしたいのがミニ集会の開催です。地域コミュニティーに存在する自治会のような単位でもいいですし、任意団体の総会や会社関係の勉強会、あるいは同窓会や飲み仲間の集まりでもいいのです。センセイの事務所に正式に講演依頼という形でお願いするのです。


通常、有名な評論家や芸能人に講師を依頼すると、安くても30万円程度から。本当に著名な講師となると数百万円もの講師料がかかってしまいます。しかし、センセイにとって、有権者に政治講話をすることは責務のようなものですし、講師料など考える必要はありません。

私も、自衛隊ＯＢ組織の隊友会や自衛隊父兄会、大学の同窓会や防衛協会等、色々なところで講演活動を重ねておりますが、今後も会社の研修や自治会、ＮＰＯや婦人会等、色々なところで講演を行い多くの方に政治を身近に感じてほしいと願っています。

私は、自分の政治活動のなかで、講演活動を特に重視しています。よって、依頼を受ければ、よほどのことがない限りスケジュールをやりくりして優先してお引き受けするようにしています。時間にして1時間以内の講演がほとんどですが、まれにですが2時間ぶっ通しの講演という依頼もあります。講演内容も、まずはどのようなテーマや政策について話してほしいかという事前調整を依頼者側と綿密に相談したうえで、政治の話を大学生レベルでも理解できるように、可能な限り分かりやすくお伝えすることに心を砕《くだ》いています。人数についても50名程度集まるようなら、遠くても喜んで行きたいと思っています。

依頼される側の皆さんは、どれだけの人数を集めたらよいかずいぶんと心配され、依頼すること自体に二の足を踏むケースが多いのですが、実は数が多ければ成功というわけではありません。

例えば落語の寄席を想像してみてください。声は通ったとしても、一番後ろの人の顔も表情も見えないような、スーパーアリーナなんかで話したりはしませんね？　講演には相応の規模というものがあり、一人一人に目配り気配りしながら、講演内容をしっかりと嚙《か》み砕いて伝えるには、50名程度が理想であろうと私は思います。講演というのは、話し手と聞き手が双方向に波長を合わせて成り立つ、一種の芸術のようなところがあります。

もし、一方的な情報提供でいいのであれば、ビデオレターでも遠隔地からの中継でも構わないでしょう。しかし、現場の臨場感を肌で感じながら、聞き手の理解度を推《お》し量《はか》り、気持ちを一体化させ、感動の拍手にまで繋げるのは、絶対にフェイス・トゥ・フェイスでしか叶《かな》いません。

私は「講演することの最大の目的は『熱伝導』にある」と捉えていますが、単なるレクチャーではなく、「なぜそれが大切なのか?」「今私たちが何をすべきなのか?」といった、今日お互いに講演という形で出会えたことの意義を見出し、感動で胸が熱くなって込み上げる情熱が体中にみなぎり、それが会場全体を包み込んだとき、「今日の講演は上手に伝えることができた」と嬉しくなります。

ただ、そういう講演は10回のうちに１回あるかないかで、準備不足を恥じたり、内容が適切でなかったと反省したりすることのほうが、ほとんどであることはあえて言うまでもありません。

政治家《センセイ》の国会事務所を訪ねる

センセイに直接会って話をするもう一つの方法に、国会事務所に会いに行くという手があります。国の最高機関である国会に、国の主権者たる皆さんが、一度も足を踏み入れたことがない……というのでは残念です。

仕事や冠婚葬祭などで、年に一度くらいは東京へ行く用事がありませんか？　せっかく高い飛行機代とホテル代を使って東京まで行くのであれば、日程のなかの数時間を割いて、国会見学に来られることをお勧めします。

昭和11（1936）年に竣工《しゅんこう》した現在の国会議事堂は、国の威信《いしん》をかけて当時の建築技術を結集し17年の歳月を要して建てられたもので、その美しい御影石《みかげいし》に覆われた姿は「白亜《はくあ》の殿堂《でんどう》」と称賛されました。議事堂内は、ステンドグラスや美しい壁画、大理石と赤絨毯《じゅうたん》の床、部屋全体がまるで美術工芸品のような天皇陛下御休所など、その風格や様式美は、どこの国の議事堂にも負けておりません。多くの世界各国の要人が訪れますが、皆さん一様に溜息《ためいき》と羨望《せんぼう》の眼差しを向け、見学していかれます。その姿を見るにつけ、日本人として誇らしく思います。

国会開会中であれば、本会議や委員会を直に見てもらい、センセイの働く国会の雰囲気を肌で感じ取っていただきたいのです。そして議員食堂で昼食を食べ、センセイの執務室を見学させてもらいましょう。

どんなに忙しいセンセイでも、皆さんが上京して会いに来てくだされば、10分程度の時間を作ることはできるはずです。もしも、込み入った要望やご意見がある場合には、事前に書類にしておき、直接手渡しすることも可能です。センセイの秘書を通じて、その後も連絡を取り合いながら、問題を解決することも可能です。

国会の近くには、皇居や靖國神社、首相官邸や迎賓館等、センセイにお願いしなければ普段見られないような㊙観光スポットも充実していますので、お友達と数人で集まって大人の社会科見学を行うのも、センセイの上手な使い方の一つでしょう。

後援会に参加してみよう

後援会の役目

センセイたちには、各自の後援会なるものが存在します。これは自発的に選挙区の有志が作ってくれる組織であったり、センセイ側からお願いして作ってもらったりした独自の応援団です。その性質は先生によって様々で、政治経験の長い大センセイの後援会であれば、政治献金から選挙運動まで一手に引き受けてくれるものもあるでしょうが、新人であればそうもいきません。

私の場合、会員数が約1700名（平成28年2月現在）の後援会を組織していて、後援会に入会いただける皆様からは年間5千円の会費を頂いています。これは会員証や年数回の活動報告の郵送代や、各種広報物の印刷代、季節の会合等のお誘い等をするための必要経費として頂いているのであって、政治資金集めをしているわけではありません（政治資金としては、企業から法人会員として寄付を頂いたり、政治資金パーティーを開いたりすることで、多くの皆様方からの浄財を頂くことにしています）。

「応援するよ」と言ってくださる皆さんには、できるだけ後援会員としての入会をお願いするように心掛けています。後援会に入会してくださった多くの皆さんが、「後援会に入会する以前より、政治に対して親近感が出て関心も高くなったし、政策についても理解できるようになった」と言ってくださるのは何よりも嬉しいことです。

私の後援会員のなかには、もともと政治には無関心で、世の中で何が起こっているのか積極的に把握しようともしなかったごく普通の（これが普通では困るのですが）同世代や若者が少なくありません。

しかし、そういう人たちが、私の後援会に入ってから、国内外の政治の世界で繰り広げられている実情や、日本の未来が直面するであろう問題に目を向け始め、「自分の生まれた故郷や子供たちの未来は自分たちの力で守らなきゃ」と日本人として覚醒し、必死になって戦っているセンセイたちを支え応援するには、有権者の政治参画が何よりも必要なのだということを理解してくださったときは、無上の喜びです。私は多くの日本人が覚醒し、政治参画することを望んでいます。それが目的で、政治をやっているといっても過言ではありません。

日本が覚醒するために

日本人でありながら、日本の将来を考えるに至っていない人たちがいます。日本に生まれながら、この国に生まれた幸せ、日本人であることの誇りに気づいていない人たちがいます。私はこれらの眠ったままの同じ日本人のために、覚醒を促す鐘を突き続ける役を担っていきたいのです。たとえその鐘の音で目覚めぬ人が多数であったとしても、必ず日本は覚醒すると信じ続けたいのです。

ですから、私の後援会には「暁《あかつき》の会」という名が付いています。「皆で一緒に日本の夜明けを創り出そう」という思いが込められています。

日本に生まれたすべての国民が、「生まれ変わるなら、また日本がいい」と思えるように、自分たちの祖国や子供たちの未来を良くするために、自分は政治家になったんだと私は思っています。

共感していただける方は、多いのではないでしょうか？　しかしそれを思っているだけで、行動に移さなければ世の中は変わりません。勇気を出して一歩を踏み出し、センセイたちと共に行動していただけるように心からお願いします。

積極的に政治に参画する側にきて世間を眺めると、全く違う景色が目の前に広がり、（自分なりの）生きることへの新たな意義を見出せるに違いないでしょう。

また、公務員の皆さんが後援会に入会することは、何も問題ありません。後援会員となり特定の政治家を個人的に応援することは、公務員が制限されている「政治的活動」には全くあたらないことを付記しておきます。

同じ阿呆《あほう》なら踊らな損々

選挙は最も神聖な祭りごと

さて、選挙は国家において、最も神聖な「祭りごと（＝政）」です。日本において、昔から政治と祭事とは不可分で、豊穣《ほうじょう》の神様を敬い隷属《れいぞく》することを「まつろう」といい、為政者が、占いなどを通して未来を予測し、様々な政治的決断を行ったのを「祭事＝まつらいごと」といったのが語源であるとされています。

選挙は、主権者たる国民の代表になる人の政治理念や政策の主張を聞き、国や故郷の未来を占う行為です。そして選挙で主権者の代表に選ばれたセンセイは、国権の最高機関としての立法府（国会）において、国の命運を担う仕事を任せられるわけですから、最も神聖な祭りごとであると言って間違いはないでしょう。

それでは、皆さんはこれまでの選挙期間中、どのように過ごされていましたか？　他人事《ひとごと》のように、「ウルサイな〜、選挙のときばかり声を張り上げて」とか、「早く選挙なんか終わればいいのに」「子供が目を覚ましちゃったわよ！」とか自分の日常とは別世界の出来事のようにスルーしてきた方もいたでしょう。しかし、これは最もつまらなく、もったいない選挙期間の過ごし方です。

徳島の伝統の祭り「阿波踊り」に「踊る阿呆《あほう》に見る阿呆、同じ阿呆なら踊らな損々」という有名な一節がありますね。実は選挙も一緒なんです。

傍から見ているだけでは、何か自分とは関係のない集団が、ワイワイと内輪で盛り上がっているように見えることでしょう。神輿《みこし》を外から眺めているのと一緒です。しかし、実際に自分も輪の中に入って一緒に担いでみると、外からでは絶対に分からない景色や世界を肌で感じとることができます。

祭りへ積極参加してみる

いきなり連日通うような、コアな運動員になることはありません。選挙期間中に一度でもいいので選挙事務所に足を運び、「祭り」の輪の中で感じてほしいのです。

実際に候補者に会って、日頃感じている政治への疑問をぶつけてみて、良い候補だと思えば少しだけ手伝ってみましょう。チラシ折りでも何でも、自分にできる範囲でかまわないのです。

そうして実際に参画してみて分かるのは、一般有権者に投票を訴えることの難しさ、候補者の過酷なスケジュール、奥さんの涙ぐましい内助の功、候補者を支える支援者たちの純粋な思い、等々……。必ずや、それまで持っていた選挙のイメージが変わることでしょう。

子供時分に行った社会科見学を思い出してください。「百聞は一見に如《し》かず、百見《けん》は一験《けん》に如かず」です。実際に体験してみる以上の学びはありません。

もしそれで、「二度と選挙など手伝うものか」と思ったら、それも一つの学びです。一度も

選挙のお手伝い難易度表

選挙活動	難易度	お手伝いする仕事の内容
受付・接客	LEVEL 1 ☆	事務所には、多くの支援者や友好団体、現職の議員が訪れます。さわやかな対応やお茶などを出したりする接客術が求められます。事務所の空気は、支援者全体に伝わります。勝利する事務所は、良い活気に満ち溢れているものです。事務所の雰囲気作りの要。
チラシ折込	☆	候補者を宣伝するための、多くの広報物が山積されています。それらを所定の大きさに折り、封筒に入れるだけでも一苦労。単純作業ですが大切な仕事の一つです。一枚一枚心を込めて、地道な作業に打ち込んでくれる姿に、候補者も自然と頭が下がるのです。
ビラ配り	☆	候補者が街頭演説をしているときや、講演会や集会の事前に不特定多数の有権者に広報ビラを配る作業です。一度やってみると分かりますが、冷たくあしらわれたときのあの辛さ……。逆に「頑張って、応援しているよ」の一言にどれだけ勇気づけられるかが分かります。
名簿収集 名簿作成	LEVEL 2 ☆☆	選挙になると、支援者名簿を集めます。支援者の「氏名、住所、電話番号」の記載されたものを、最低でも目標得票数の２～３倍集めるのです。それをエクセル等のデータに打ち込む作業だけでも一苦労。しかし、これが事務所の宝になり、活動の基礎となります。
街頭活動	☆☆	朝な夕な、駅前や交差点に立ち、頭を下げるのは過酷です。しかし、真剣に訴える候補者との一体感が生まれるのもここから。一緒になって声を張り上げ、頭を下げることを繰り返しているうちに、絶対に勝たせたいという気持ちが沸々と湧いてきます。男性向き。
電話かけ	LEVEL 3 ☆☆☆	事務所から、集まった名簿を元に、支援依頼の電話をかける作業です。簡単なように見えて、精神的に最も疲れる業務。顔が見えない分、電話先の相手は言いたい放題のときも。それをグッとこらえて朗らかに電話を切れるようになると一人前。女性に向いています。
ポスター貼り	☆☆☆	選挙６カ月前の「弁士型ポスター」、公示から貼れる「選挙ポスター」いずれも時間が勝負の肉体労働です。特に、選挙公報板を使用できない参議院の全国比例区は、独自のベニヤ板を用意して、あちこちに掲示して回らねばなりません。目立つ場所は早い者勝ちの争奪戦です！
ミニ集会	LEVEL 4 ☆☆☆☆	候補者の人柄や政治信条をより深く知ってもらうため、50～100名程度のミニ集会を企画運営します。会場の手配や集客、当日の会の運営も含めて、受付をしたり、応援に駆けつけた現職議員の接遇等の大切な任務です。選挙に中心的に携わったことのある経験者向きの仕事です。
ウグイス	☆☆☆☆	選挙期間中に、選挙カーに乗り込みマイクで候補者の名前を連呼する女性のことを「ウグイス」と言います（同様の業務を行う男性を「カラス」と言う）。張りのある明るい声で耳にも心地よく、名前が頭に残るような連呼の仕方は、まさに職人技。優秀なウグイスは、各陣営から引っ張りだこです。
会社訪問 団体訪問	☆☆☆☆	候補者が所属する政党を支援している会社や団体等を訪問し、選挙における支持を取り付けながら名簿を集めたり、会社の朝会等で候補者からの挨拶を計画したり、団体等からの推薦状を取り付ける高度な作業です。これができる人は、政治家秘書向きの性格と能力です。

体験せずに、イメージだけで忌避《きひ》しているとしたら、子供の食わず嫌いと変わりありません。

日本以外の国を見てください。どの国だって選挙となれば国を挙げてのお祭り騒ぎ、皆で参画して盛り上げながら、未来の選択を皆で一緒になってやっています。日本だけが、「政治は御上《おかみ》が行うもの。選挙参画は個人の自由意思」という有様《ありさま》です。これで、民主主義の先進国といえるのでしょうか？


身近な選挙において何か手伝いをしようと思えば、様々な仕事があるものです。具体的にどのようなニーズがあるのか、難易度別に表（前頁）にまとめてみました（私の独断で作りました）。

選挙のときは、多くの作業を短い時間でこなしていかねばなりません。スタッフに支払える賃金は法律で決まっていますし、若い候補者には何十人と秘書を雇えるだけの経済力などあるはずもありませんので、必然的にボランティアスタッフに頼ることになります。ですから、少しでもお手伝いをしていただける方がいれば、それがたとえ1日でも有り難いものです。

多くの人が集まり、活気づいている事務所は自然と運気や勝機も上昇し、良い結果を残すものです。皆で選挙を乗り越え、それぞれが可能な範囲で政治に関与していく、それが民主主義の原点だと思います。

第3章

賢い有権者となるために

明日は初めての投票日だ！
投票用紙キター!!
初めて選挙のお手伝いしたけど結構ハードな2週間だったね
来客応対
チラシ配り
ハガキ出し
ヒェー
集会手伝い
ガンバロー!!
電話かけ
証紙貼り
いちばん地味でつらい
これが証紙よ
全部のチラシに貼らないと違反になるのよ
後ろの段ボール全部っすか？
…で、あんたは何してるの？
あみだくじだよ！
なんで？
誰に投票するか決めるんだ！
平等でいいでしょ？他に何で決めたらいいかよくわかんないし！
RRR
でんわだ
明日ドライブ？いいぜ行こう！
わなわな
選挙？いいよ行かなくて！俺の一票くらいじゃ何もかわらな……
ゴン
あんたは2週間何を見てきたの！
センセイ、こいつ説教してやって
こ、こんちわ…
いらっしゃい
？

参政権、ちゃんと使っていますか？

政治への無関心の現状

日本では、日本国籍を有した20歳以上の成人男女全員に、選挙において投票する資格、いわゆる参政権が与えられています。しかし、参政権は人が生まれながらにして保有する自然権ではありません。

日本が明治維新によって近代国家として生まれ変わり、西洋諸国から民主主義「デモクラシー」を導入した当初の明治22（1889）年は、参政権は男性にしか与えられておらず、しかも25歳以上、直接国税15円以上を納めた社会的地位の高い人たちだけに与えられた特権だったわけです。

しかし大正14（1925）年になると納税額による制限が撤廃され、昭和21（1946）年には20歳以上に年齢が引き下げられると同時に女性にも選挙権が与えられるようになりました。これは近代日本の先人たちの努力によって獲得され確立されていったものです。

しかし、そのような先人の苦労も解さずというか、近年の有権者の政治への無関心には惨憺《さんたん》たるものがあります。「そうさせてしまっている政治家や政党の責任は大きいのではないか」

喫緊《きっきん》の国政選挙の都道府県別投票率（総務省ホームページより）

参議院（第23回参議院議員通常選挙　H25.7.21）			衆議院（第47回衆議院議員総選挙　H26.12.14）		
	男	女		男	女
北海道	55.39%	53.56%	北海道	⑤ 57.90%	55.00%
青森県	❶ 47.74%	❶ 44.94%	青森県	❷ 48.73%	❶ 45.16%
岩手県	⑤ 58.61%	⑤ 56.54%	岩手県	57.89%	54.74%
宮城県	51.79%	49.78%	宮城県	50.60%	❺ 47.96%
秋田県	57.62%	54.95%	秋田県	57.81%	54.02%
山形県	① 62.91%	② 58.82%	山形県	① 61.55%	④ 56.97%
福島県	55.19%	53.90%	福島県	53.47%	51.61%
茨城県	50.85%	48.48%	茨城県	56.10%	54.39%
栃木県	51.31%	❷ 48.12%	栃木県	51.60%	48.63%
群馬県	52.70%	50.84%	群馬県	52.87%	50.61%
埼玉県	52.16%	50.26%	埼玉県	52.97%	50.98%
千葉県	50.11%	❸ 48.34%	千葉県	51.99%	50.50%
東京都	54.08%	52.96%	東京都	54.89%	53.85%
神奈川県	55.19%	53.76%	神奈川県	54.59%	53.18%
新潟県	58.18%	53.65%	新潟県	55.43%	50.20%
富山県	51.93%	48.69%	富山県	❹ 49.72%	❷ 45.40%
石川県	56.23%	53.84%	石川県	51.05%	❹ 47.45%
福井県	55.12%	52.55%	福井県	51.80%	48.33%
山梨県	57.05%	56.28%	山梨県	③ 59.57%	① 58.81%
長野県	④ 59.07%	56.46%	長野県	57.24%	53.83%
岐阜県	54.02%	52.00%	岐阜県	54.25%	51.68%
静岡県	52.23%	50.00%	静岡県	56.47%	54.78%
愛知県	53.97%	51.35%	愛知県	55.40%	52.99%
三重県	58.41%	④ 57.26%	三重県	56.89%	55.56%
滋賀県	54.32%	51.66%	滋賀県	55.18%	52.47%
京都府	53.74%	50.54%	京都府	52.75%	49.40%
大阪府	52.93%	52.53%	大阪府	51.06%	50.32%
兵庫県	53.90%	52.24%	兵庫県	51.96%	49.87%
奈良県	56.91%	54.33%	奈良県	57.20%	54.19%
和歌山県	55.65%	54.32%	和歌山県	51.99%	50.23%
鳥取県	③ 59.44%	③ 58.37%	鳥取県	55.20%	53.64%
島根県	② 62.09%	① 59.82%	島根県	② 60.56%	② 58.07%
岡山県	❷ 49.44%	❹ 48.38%	岡山県	51.38%	49.90%
広島県	51.18%	48.90%	広島県	50.80%	49.30%
山口県	50.68%	50.06%	山口県	53.29%	52.88%
徳島県	50.23%	❺ 48.46%	徳島県	❶ 48.20%	❸ 46.35%
香川県	52.89%	51.36%	香川県	51.49%	49.72%
愛媛県	❺ 49.92%	48.95%	愛媛県	50.59%	49.11%
高知県	❸ 49.65%	50.10%	高知県	50.71%	51.21%
福岡県	❹ 49.76%	49.01%	福岡県	❸ 49.23%	48.44%
佐賀県	53.27%	51.85%	佐賀県	④ 58.29%	③ 57.32%
長崎県	54.50%	53.66%	長崎県	52.21%	50.20%
熊本県	53.18%	51.54%	熊本県	51.12%	49.14%
大分県	53.56%	52.79%	大分県	56.68%	⑤ 55.61%
宮崎県	50.37%	49.34%	宮崎県	❺ 50.34%	49.44%
鹿児島県	51.44%	49.54%	鹿児島県	51.68%	49.44%
沖縄県	52.97%	53.86%	沖縄県	52.89%	51.86%
平均	**53.50%**	**51.79%**	**平均**	**53.66%**	**51.72%**

※ ①～⑤……投票率ベスト５　❶～❺……投票率ワースト５

とお叱りを受けるのを覚悟しつつ、直近の国政選挙の投票率のデータを表（前頁「喫緊《きっきん》の国政選挙の都道府県別投票率」）に示しました。さて、あなたの地区は、全国的に見て、どの程度の投票率でしょうか？

　前頁の表から、いくつかの傾向が読み取れると思います。一部を除いた全県において、女性の投票率は男性のそれを下回っているということ。投票率の高低は地域によって固定化され、男女ともに同様の傾向があること等です。

　しかし、平均するといずれの国政選挙も50％程度、つまり有権者の約半数しか、与えられている権利を行使し、日本の未来の決定に意思を示していないというのは残念でなりません。

　また、下表の「衆議院総選挙における年代別投票率の推移」を見ると、二つの傾向が読み取れると思います。

　一つ目は、各世代の投票率ともに年々下がってきているということ。これは、日本人全体としての政治的関心の低下を表しています。昭和47年当時の20歳代が政治に6割以上の関心を示しているのに対

衆議院総選挙における年代別投票率（抽出）の推移

(%)

年	S42	S44	S47	S51	S54	S55	S58	S61	H2	H5	H8	H12	H15	H17	H21	H24	H26
回	31	32	33	34	35	36	37	38	39	40	41	42	43	44	45	46	47
20代	66.69	59.61	61.89	63.50	57.83	63.13	54.07	56.86	57.76	47.46	36.42	38.35	35.62	46.20	49.45	37.89	32.58
30代	77.88	71.19	75.48	77.41	71.06	75.92	68.25	72.15	75.97	68.46	57.49	56.82	50.72	59.79	63.87	50.10	42.09
40代	82.07	78.33	81.84	82.29	77.82	81.88	75.43	77.99	81.44	74.48	65.46	68.13	64.72	71.94	72.63	59.38	49.98
50代	82.68	80.23	83.38	84.57	80.82	85.23	80.51	82.74	84.85	79.34	70.61	71.98	70.01	77.86	79.69	68.02	60.07
60代	77.08	77.70	82.34	84.13	80.97	84.84	82.43	85.66	87.21	83.38	77.25	79.23	77.89	83.08	84.15	74.93	68.28
70～	56.83	62.52	68.01	71.35	67.72	69.66	68.41	72.36	73.21	71.61	66.88	69.28	67.78	69.48	71.06	63.30	59.46
全体	73.99	68.51	71.76	73.45	68.01	74.57	67.94	71.40	73.31	67.26	59.65	62.49	59.86	67.51	69.28	59.32	52.66

（総務省ホームページより）

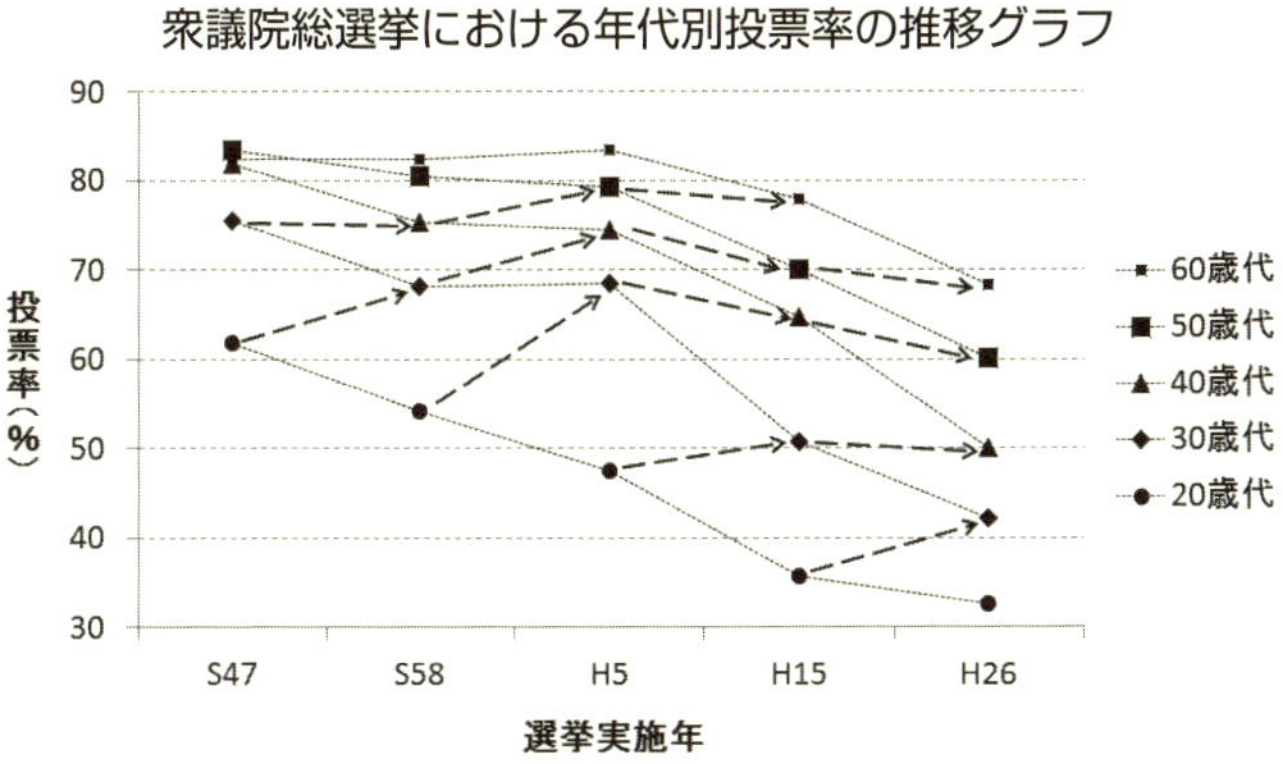

し、平成26年時の20歳代は3割ほどで、若年世代の低下は顕著です。

そして二つ目は、年代が高いほど政治的関心が高いのは当然のことながら、10年ごとにそれぞれの世代の推移を上表の「矢印」の流れで追いかけてみると、20歳代から30歳代にかけては政治的関心の高まりを見せるものの、そこをピークとして、その後は大して伸びずに横ばい――あるいは緩やかな減衰をしているということです。つまり、年齢を重ねるごとに自然と上がっていくのではなく、政治参画を高めるためには、30歳代までにおける政治的リテラシーの涵養《かんよう》が効果的であり、特に10歳代後半から20歳代に入るまでの導入期（スタートライン）を高く引き上げることが、未来を見据えた全体の政治的関心の向上には欠かせないということです。

私が主に18歳以上の若者世代をターゲットに本書を書い

た理由はここにあります。

ちなみに、この表を見たセンセイが「やはり選挙で応援してくれる高齢者のために、しっかりとした政策を実施しなくては」となるのはよく分かりますよね？　ですから、高齢者向けには手厚い生活支援が充実しているのに、若者の雇用の安定や正規社員への推進などは、わずかな規模でしかないのです。国全体の予算は限られているので、要はどの政策を優先するかなのですが、それには選挙の結果が大きく関係するのです。これまで、選挙に行かなかった皆さん、本当にもったいないことをしましたね……。

未来の日本のためにできること

「政治離れ」という言葉をマスコミは好んで使いますが、「離れ」という言葉は、「親離れ」「活字離れ」等、実際に離れることが可能である対象に使用します。

政治に無関心を装うことはできても、無関係に生活できる人は誰もいません。なぜなら、生活とは政治そのものだからです。マザー・テレサは言いました。「愛の反対は憎しみではない。無関心である」と。

国を愛すること、故郷を愛することは、何も国歌を高らかに歌ったり、国旗を振りかざしてみたりすることだけではありません。有権者として与えられた参政権を確実に行使し、民主主義政治に参画することこそ、その基本でなくてはならないのです。

国民の一員として未来の在りようを考え、投票によって政策に対する賛否を示し、政治の責任の一端を担うことが、一人前の大人としての責務ではないでしょうか。

「投票したい候補者がいない」「どうせ投票しても、自分の一票では何も変わらない」という人たちの論理は、甘ったれた子供と変わりありません。選挙に立候補する同世代の候補者は、「俺がやらねば誰がやる！　今やらなきゃいつできる！」という情熱と志を持って、被選挙権を行使しています。

生まれたばかりの近代国家日本を牽引《けんいん》してきた幕末の志士たちも、同じような思いで時代を駆け抜けたのではないでしょうか？　私は皆さんに対し、被選挙権を行使せよとまでは言いません。しかし、選挙権を行使し、賛否を表明して有権者としての責務を果たすことくらいは、社会的義務として、行うのが当たり前の大人の行動だと思いませんか？

「政治家なんてどうせ……」と、政治に対して斜に構えることのほうがカッコイイなんて、そんな下らない風潮は吹き飛ばしましょう。海外に行けば、高校生ですら、学校の休み時間に自然と政治のことを話題にするそうで、修学旅行やホームステイに行った日本の高校生たちが、何も意見が言えなくて大恥をかいたという話をよく耳にします。

職場や家庭、友人同士で、自然な感覚で政治の話ができるような、当たり前の国にしませんか？　日常生活のそんなちょっとした努力が、政治の劣化を防ぐことに繋《つな》がるんだと思います。

そこで、この章では政治問題として、しばしば扱われるいくつかのテーマに対し、私の考え方をまとめ問題提起をしたいと思います。私の考え方を押し付ける気はありません。あくまで一つの考えとして、皆さんなら賛同できるか、それとも反対か、自分なりに考えてみていただきたいと思います。

「一票の較差《かくさ》問題」——地方切り捨て以外の何物でもない！

ここ数年、国政選挙における人口と投票価値の比較差について、最高裁における「違憲状態判決」が相次いで出されています。

「憲法14条においてすべての国民は法の下に平等であるとしておきながら、選挙区ごとに比較すると、一人に与えられた一票の重みに差があり、法の下の平等を侵害しているため、選挙制度を改善し比較差を解消すべきである」というのが判決の論旨です。

喫緊《きっきん》の選挙では、第47回衆議院総選挙（平成26年／２０１４年）において最大２・１２９倍、第23回参議院議員通常選挙（平成25年／２０１３年）において最大４・７６９倍という結果でした。

しかし、私は３つの点から、この最高裁の判決内容どおりに選挙制度を変更させることに疑問を呈しています。

一票の平等化は無意味

第一に、一票の重みを平等化することに一体何の意味があるのかということです。

この問題を裁判所に提訴している人たちは、各個人に与えられた一票によって、どれだけの議員が当選するかを数値で表し、それが平等でないことが、いかにも人権侵害であるかのように問題視しているのですが、そもそもこれは人権侵害や差別というような問題ではなく、単なる数値を比較したときに生じる差異にすぎません。

よって「人格などの等級的差別＝格差」だと騒いでいますが、実はその本質は「複数の選挙区を比較した場合に生じる差の程度＝較差《かくさ》」なのです。

比較差は、すべての条件が一致しない限り存在します。当たり前です。二つ以上を比較するわけですから。仮にすべてを平等にしようとすれば、衆議院も参議院も、全国区で勝負するしかなくなります。

そもそも、2倍以上なら違憲でそれ以下なら合憲の範疇《はんちゅう》などという判決自体が馬鹿にしています。もし仮に「格差は人権侵害である」という仮定に基づいて裁くのであれば、それがたとえ1・5倍であっても問題ではないですか？　これは筋が通りません。

政治の本質論を無視した考え

第二に、較差を0にした先に、本当にあるべき姿が存在するのかという点です。

最大と最小の選挙区の比較差を2倍以下に縮めていくことを繰り返していけば、いずれ過疎《かそ》化した地方から選出されるセンセイはいなくなります。比較差よりも大切なのは、それぞれに特性を持った条件の異なる日本全国の地域からセンセイが代表者として選出され、地方の問題や有権者の思いを国政の場にて代弁することではないでしょうか？　衆議院のセンセイたちを「代議士」と呼ぶ所以《ゆえん》です。

比較差ばかりに目を奪われて、「一票の価値を平等にすべきだ」と、さも正しいかのような論理を進めていけば、人口の少ない地方は選挙区として統合され、人口が集中した都市部選出のセンセイばかりで議会の多数を占めるようになります。

大都心で育ち生活しているセンセイたちに、離島の苦労や地方農家の努力、零細企業の頑張りや地元商店街の創意工夫がどれほど分かるのでしょう？　単なる比較差だけの解消は、政治の本質論を無視した地方切り捨て以外の何物でもありません。

矛盾だらけの比較

第三に、仮に一票の価値を平等にする努力が必要だとして、どうして人口だけで比較するのでしょうか？　単なる地域の人口のなかには、参政権を持たない20歳未満の子供たちも含まれています。

裁判所によれば、「20歳未満であっても人権は存在し、参政権はなくとも親等を通じて地域の声として反映されると解釈できる」のだそうです。冗談じゃないと反論したくなります。

もし仮に較差を厳密に比較するなら有権者数で比較すべきですし、さらには投票率も十分に加味すべきだと思います。投票率が60％を超える島根と、50％にも満たない青森を比較して、差があるから人権上問題がある、などという主張を看過していいものでしょうか？　意図して行使しない権利は放棄したのも同然です。

仮に、都市部の市民が「都市部のほうが人口が多いのだから議席数も多くあるべきだ」と自らの権利を主張し改善を求めて訴訟を起こしているのなら、まだ理解もできるというものです。しかし、現実には全く比較差の問題のない地域にもかかわらず、意図しない選挙結果に不満を表明するためや、関係者でもないのに、イデオロギー的意図を持った特定の団体等が、権利の平等を強く求めて訴訟を行うケースが少なくないのが実態なのです。

「外国人参政権」――日本は日本人だけのモノじゃない?!

同様の団体が、一票の較差解消以外に目を付けているのが、外国人参政権問題です。一部の政党が立法を目指している問題の多い法案です。その後押しを強力に行っているのが、特別永住者と呼ばれる民団・朝鮮総連などの「特定永住外国人」たちの団体といわれています。

特別永住者とは?

ここで「特別永住者」について、歴史的経緯も含め説明しておきましょう。

明治維新の後、国際社会の荒波の中に漕《こ》ぎ出した我が国は、防衛上の必要性から朝鮮半島及び台湾を併合し、日本の一部として開発し、現地の人々に日本人同様の権利を与えて同朋《どうほう》として扱ってきました。

これは侵略や植民地化などとは全く異なる統治形態で、現地の人々に国籍と人権を与え、自国民と同様に保護し、繁栄のための投資を行ってきたのです。もちろん、選挙権も被選挙権もありましたし、当時の社会の最高ステータスであった陸海軍の士官学校に入ることまでも可能でした。実際に、今の韓国大統領のお父さん、朴正煕《パクチョンヒ》元大統領は、日本の陸軍士官学校出身で、敗戦時の階級は中尉で、満州《まんしゅう》国軍歩兵第八団の副官でした。

昭和20（1945）年、連合軍との戦いに敗れた日本はポツダム宣言を受諾し、連合国（主としてアメリカ）の占領下に入りました。6年7カ月もの占領施政を経て、サンフランシスコ講和条約の発効と同時に外国人登録法が発効され、在日朝鮮人や台湾人は日本国籍を剥奪《はくだつ》され、自国に戻るかどうかの選択を余儀なくされました。

しかし、昭和27（1952）年といえば、朝鮮では南北に分かれての熾烈《しれつ》な戦争が小休止したばかりで、母国に戻って戦争に巻き込まれるよりは日本に残って生活をしたほうがいいと判断した人たちも数多くいました。実際に当時日本に居住していた朝鮮系日本人は約200万人、そのうち約156万人が日本政府の手配により本国へ帰ったといわれています。ですから、在日朝鮮人は決して強制的に連れてこられたわけではありません。自らの判断で日本に残ることを選択した人たちなのです。

戦後の混乱期にあって、急に日本国籍を剝奪された在日朝鮮人には、法務府民事局長の通達により、「協定永住許可者」という在留資格が与えられました。今日一日をいかにして生き延びるかという時代に、先日まで同朋として戦った仲間に対し、政治的な変化を理由に一切の社会保障を打ち切るということは、日本人のメンタリティーからいって忍び難く、法律によらない通達という形で緊急避難的な追認をしたのでしょう。

ところが、この保護はいつしか、日本が始めた戦争によって不利益を被った在日朝鮮人にとって当然の権利であるかのように扱われ始めます。

昭和40（1965）年の日韓基本条約の締結《ていけつ》により、一時的な在留資格を与えられていた協定永住許可者は「特別永住者」という特権が認められ、他の外国人と比べて犯罪等による国外退去の要件が大幅に緩和されました。

そして、平成3（1991）年に施行された入管特例法により、三代目以降も末代まで、この特別な保護を享受《きょうじゅ》できることになったのです。

外国人参政権に関する諸問題

ここからが本題になりますが、このような外国人、つまり日本国籍を有しない人たちにも選挙権を与えましょうというのが、外国人参政権問題です。

全く受け入れられないことであり、「まぁ、少しくらいはいいんじゃない？」などという安易な判断は恐ろしい結果を招くことになります。地方議会にそのような勢力が生まれれば、外国人の勢力により、日本の政治が意図的に左右されるようになります。それは主権の侵害であり、形を変えた侵略といっても過言ではありません。

このような外国勢力に新たな権利を与えて、政治的（金銭的？）支援をもらおうとする日本人の風上《かざかみ》にも置けない政治家を許すわけにはいきません。民主党政権の初代総理大臣の鳩山由紀夫氏などは「日本は日本人だけのものではない」と驚愕《きょうがく》の発言をして、日本中を啞然《あぜん》とさせました。

「日本の未来は日本人が決める」――これは、独立国家として当然のことです。だからこそ、憲法15条に定められている参政権は「公務員を選定し、及びこれを罷免《ひめん》することは、国民固有の権利である」として日本国籍を有する者のみに限られていますし、公職選挙法によって外国人からの政治献金は禁止されているのです。

外国人参政権に賛成する人たちの論理には、大きく分けて2通りあります。

一つには、「外国人も税金（地方税）を払っているのだから日本国民と差別するのはフェアではない」という理屈です。

しかし、これは全く間違った論理で、地方税は電気・ガス・水道といった生活するのに必要なインフラ設備の使用代として国籍関係なく徴収《ちょうしゅう》されるものであって、参政権とは何の関係もありません。

そもそも、すべてを同等の権利にしてしまっては、「一体国民とは何なのか？」ということになりかねません。自国や自分の故郷の未来を自分たちの意思で決定していくことは、国民のみに与えられた固有の権利であり、権利を持たない他者がこれに干渉することなどありえないのです。自分たちの家庭の将来のことに対して、赤の他人から口出しされたくないですよね？それと同じことです。

賛成派のもう一つの論理は、「ヨーロッパの国には、外国人参政権を認めている国もあり、日本はその面で遅れている」というものです。親におもちゃを買ってもらえなかった子供が、「〇

○君家《ち》では買ってもらってるよ」と言うのと同レベルです。皆さんの家なら、親から「ウチはウチなの！」と一喝《いっかつ》されて終わりでしょう。

政治の世界も同じことで、地理的・歴史的・環境的な特性が違う他国と比べても何の意味もありません。

歴史的に多民族が入り混じり、複数言語を公用語にし、文化・宗教的にも共通性を多く持つヨーロッパにおいては、政治的にも経済的にも広域連携をしており、参政権も一定程度の融通が利くのでしょう。

しかし、そのような国と比べて、だから日本も認めるべきだという論理は通らないのです。

寛容の先にあるもの

それでも外国人に参政権を与えることに対し、「寛容であるべきだ」と考える人たちは、被選挙権を与える覚悟をもって自己の意見を述べるべきでしょう。つまり、外国人が選挙に出て政治家となり、地域や国の代表となって将来を決めることまで許容する覚悟も含めて賛成すべきということです。

参政権とは選挙権（選挙で投票する権利）と、被選挙権（選挙に出馬する権利）とが、一体となったものです。

こんなことがありました。平成27年4月に行われた、統一地方選挙においてのことです。選挙区は東京のど真ん中の新宿区です。新宿といえば、すでに住民の4割は歌舞伎町や西新宿で働く外国人であるといわれています。

その新宿区において、選挙の2カ月前に日本に帰化したばかりの中国出身の男性が、区議会議員に立候補したのです。帰化して正当に権利を得てから行ったことですから、何も批判されるべきことではありません。

しかし、2カ月前まで中国籍を持ち、「中国ではできないことが日本ではできる。外国人が住みやすい所は日本人も住みやすい」と訴えた彼は、1018票を獲得し、わずか423票差で惜しくも落選したのです。次回は当選することでしょう。皆さんはこれをどのように捉えますか?


この例のように、日本に帰化した元外国人の政治家は、国会にも地方議会にも少なくなく、「一体どこの国の国益のために働いているのか?」と疑いたくなることもあります。今でもそうなのですから、このうえさらに、帰化していない外国人にまで参政権を与えれば、日本の政治は内側から崩壊してしまうでしょう。

13億人の人口を持つ中国が、意図的に日本の一部の都市に集中的に人を送り込み、日本人から政治を乗っ取るなど容易なことです。その先に一体どんな未来が待っているのか、想像してみてください。

このような法律を許せば、おそらく日本の社会は朝鮮系日本人、中国系日本人、欧米系やアフリカ系など、多宗教多文化を保障しなければならない多民族国家となり、公用語も日本語や英語だけでなく、中国語・朝鮮語も併記するのが義務。日本の伝統も文化も一民族のものとして端のほうに追いやられ、気がつけば法律も外国系のマジョリティーの都合の良いように変更されるかもしれません。そんな未来を選択したいですか？　そんな未来を皆さんの子供たちに残したいですか？　私はそんな未来はまっぴら御免《ごめん》です。

「それは少し極端な例では？」と言う方もいるかもしれません。ところが、多民族国家では、すでに起こっていることなのです。

アメリカでは、一部の人々が自分たちの社会的立場を強め、自己主張を通すために政治を利用し、「いかに日本が悪いことをしたか」と悪意を持って歴史論争を繰り広げ、各地に慰安婦の像を建設するなどしては、善良な日系人の名誉や誇りを傷つけています。

こんなに問題のある外国人参政権問題であるにもかかわらず、多くの善良な日本人は無関心なのです……。

ですから、政治の世界でもこのような、とんでもない法律を実現させるため躍起《やっき》になっている政治家が実際にいて、それを真っ当な日本人のセンセイたちが必死で食い止めている現実を、是非皆さんには分かっていただきたいと思います。

「議員定数」――減らしゃいいってもんじゃない

理念なき大衆迎合

「増税の前に、やることがある！　まずは自ら身を切る姿勢を！」という意見もあります。言い換えれば、「国民に厳しいことを要求する前に、自分たちから辛《つら》い選択をすべきだ」ということで、確かに聞こえはいい話です。でも、私は大反対です。別に自己保身のために反対するわけではありません。

「センセイは、自分の人生のすべてを社会と他人のために捧げて、一般国民より贅沢《ぜいたく》せず質素に暮らし、いつも誰にでも腰低く頭を下げて、御用聞きに徹する」そんな政治家を理想とするなら、誰も政治など志さなくなるでしょう。

少し考えてみてください。あなたは、そんな仕事をしたいですか？　そんな仕事をしている人を、恋人（結婚相手）にしたいですか？　理想論としては正しくても、政治家は聖人君子ではありません。それなりの待遇がなければ、本当に優秀な人が政治を目指すことはなくなるでしょう。だって、親族も家族も巻き込むことになるのですよ？

別に厚遇であるべきだとは言いません。しかし、なんでもかんでも民間の平均値と比べ、同等にすべきという意見には、「日本の政治をダメなものにしてやろう」という悪意すら感じます。野党少数会派の政党のセンセイたちは、国民ウケを狙って、このような大衆に聞こえのいいことばかり言うのですが、「理念なき大衆迎合」は、政治家として最も忌避《きひ》すべき姿勢だと思います。

仮に、議員定数を減らすとして、ではどの程度減らそうというのでしょう？

「そもそも税金なのだから、１円でも減らせるだけ減らせ！」と言う方がいますが、日本の政治体制は、代表制の間接民主主義を取っているのですから、皆の代表として税金からそれ相応の対価を支払うのは当たり前ではありませんか？

あなたが住んでる地域で、何らかの役を頼まれたとしましょう。「休みも潰《つぶ》れるし、お金もほとんど渡せないけど、大切な仕事だから引き受けてよ。もちろん、皆からのクレームにもしっかり対応してね!」と言われたら、普通断りますよね? 当たり前だと思います。

政治家《センセイ》の現実

自分たちの将来は自分たちで決めたい。でも政治を専門に学んだことはないし、行政の知識もないし、週末に休みなしで走り回る体力や気力もないし、また家庭の理解も得られるわけじゃない。だから、それができる人に肩代わりを務めてもらう。その人を選挙で選び、地域の代表として、頑張ってもらおう。そうして選ばれたのが、センセイなのです。

聞こえのいいことばかり言って、「議席を削れ、給与を削れ」とやってきた先に、今何が起こっていると思いますか? 数年前から、国会議員も地方議員も「議員年金」が廃止されました。センセイには国民年金だけしかありません。選挙に落ちれば、その日から失業保険も出ない、再就職の保証もないという世界です。

それでも国会議員や政令指定都市の地方議員はまだましです。財政規模の小さな市町村の地方議員は月収も低く、その収入だけでは子供を含めた家庭を養っていけないのが現状です。実際に全国で若くして地方議員をしている人たちは、共働き夫婦で奥さんが家計を助けていたり、別の家業を持っていて別収入があったり、あるいは独身で親元に暮らしているというケースが少なくありません。

これでは、若い人が政治を志そうと思わないのも当然です。新しい人材が生まれないので、自然と人口減少の地方議会ほど高齢化が進みます。結果、地方創生などは新たな発想と現状を打開する情熱や行動力を必要とするのですが、漫然とした政治が継続され、質も生産性も上がらないという悪循環が起こるのです。

でも、これはみな国民の皆さんが望んだことなのです。マスコミの主張に乗せられ、政治家を目の敵《かたき》にして散々叩き、誰もやりたくないような職種にしたのですから……。

政治は皆で支えるもの

議会運営上からいっても、単なる定数削減は問題があります。議会を運営する以上、一定程度の議員数は必要です。第1章で述べたように、一人の議員は3～5つの委員会等を掛け持ちしています。また、委員会を効率良く運営するための議院運営委員会や、与野党の調整をする国会対策委員会といった法案審議の環境を整える部署にも人は必要です。

仮に定数を半分に減らすということは、委員会の構成人数も半減するということですから、簡単にいえばこれまで20名がかりで、細部にわたりあらゆる角度から慎重審議をしていた法案が、たった10名だけの審査で通ってしまうということです。

少数の知識・論点からしか審議されなくなるというのは、民主主義の視点からいえば間違っています。効率性や迅速性は必要ですが、「法案はスムーズに早く成立したが、重大な問題を見落としていた……」ということがあってはならず、できるだけ多くの代表者により、より深く多角的な視点から審議をし、国民の幸福の追求に資するようにすることが第一義ではないでしょうか?

「どうせろくな仕事してないんだから削ってもいい」というのは建設的な意見ではありません。「議員数は減り、必要経費も多少は減った。しかし、政治の質はそれ以上に劣化した」となるのは必然です。

議員数を削減したとして、一体どれだけムダの削減につながるでしょう？　しかも、その削減経費のなかには公設秘書の給与や、私設秘書の雇用、また事務所経費としての印刷物、事務機器使用代等も含まれています。これらの削減による雇用の消失、需要の低下のほうが社会的影響が大きいのではないでしょうか?

国や地方社会のために働くセンセイや、官公庁で汗を流す役人を無駄使いの温床であるかのように敵視してバッシングする行為は、戦後教育が培《つちか》ったルサンチマン（他人を妬《ねた》み攻撃する姿勢）以外の何物でもありません。

歴代アメリカ大統領のなかでも人気を誇るケネディ大統領の有名な演説に「国が何をしてくれるのかを期待するのではなく、自らが国に何をできるかを問うてほしい」という一節がありますが、まさに政治は皆で支えるものであって、誰かがしてくれるものではないのです。

地域の優秀な仲間に、「頼むから、お前やってくれよ」とお願いしても、「あんな割に合わない仕事なんか、誰がするものか！」と引き受けてもらえないということがないように、有権者も賢くなる必要があるのではないでしょうか。センセイにも生活があり、愛する家庭がある生身の人間だということを忘れてほしくないのです。

そうしなければ、政治家になれるのは生活するのに全く心配のない一部の資産家か、常識はずれの変わり者だけとなってしまいます。

同じことは官公庁の役人にもいえます。彼らは故郷において幼い頃から努力をして良い成績を修め、そして自分個人の夢や利益の追求よりも、公のために働くことを選択した極めて優秀な逸材の集まりです。なかには高飛車な態度が鼻につき、人間的に問題がある人もいるかもしれませんが、私が一緒に仕事をしている官僚の多くが、誠実で真面目で、愛国心溢れる国士です。

政治家同様、叩き過ぎれば成り手はいなくなるものです。叩けば叩くほど、入ってくる人材は劣化していくでしょう。もし、自分の兄弟や恋人が役人だったら、叩くのでなく応援しませんか？　彼らの高い志を応援するのもまた、政治を良くするうえで必要なことだと思います。

ただし！　どう考えても税金で養うにふさわしくない政治家もいるものです。汚職や不正といった悪いニュースを耳にするたびに、政治に真面目に向き合うのがバカバカしくなるのも理解できます。

政治家の政治倫理の確立についての提言

議員バッジの重み

センセイになって初めてバッジを付けたとき、生涯忘れることのできないほどの重責を感じたのを今でも覚えています。

国会議員のバッジは、衆議院が臙脂《えんじ》色、参議院は紫色で、どちらも中央に「菊の御紋」があしらわれています。御皇室の御紋は、「十六八重表菊《じゅうろくやえおもてぎく》」紋ですが、センセイのそれは「十一単衣菊《じゅういちひとえぎく》」紋で、数も奇数で菊紋としてはとても珍しいと思います。

私は、何か由来があるのだろうと、国会図書館においてバッジの制定過程などを調べてみたのですが、結局のところ詳細は分かりませんでした。そんなとき、あるご年配のご婦人から「菊の和名をご存知ですか?」と質問されたのです。皆さんは知っていますか? 私はそれを聞いた瞬間に、なぜセンセイのバッジに菊があしらわれたのか、その真意を悟りました。

もともと、菊の原産地は中国で、奈良時代頃に薬草（長寿の薬）として日本に渡来したといわれています。菊の和名は「長寿をもたらす薬」の意味で「千代見草《ちよみぐさ》」といいます。かつては、9月9日の重陽《ちょうよう》の節句《せっく》には、菊酒を飲んで健康と長寿を祈ったのもこの所以《ゆえん》です。国歌『君が代』の一節にもある「千代に八千代に」の千代を見る薬草という意味です。

翻《ひるがえ》ってバッジの菊紋の意味するところは、「センセイたるもの、短期的な視点で物事を捉えず、百年先・千年先を見据《みす》えて国の舵取《かじと》りをすべし」という意味なのだと、私はそう解釈いたしました。有権者の皆さんから信託《しんたく》された未来への希望の重責を、センセイたち一人一人が強く自覚をし、自らを律する姿勢が大切なのだろうと思います。

ところで、究極の環境下で人命と平和を守る自衛官は、任官する際に、国家・国民に対する宣誓式を行うことで、任務の重さを強く自覚させられます。

〔自衛官の服務の宣誓〕

「私は、わが国の平和と独立を守る自衛隊の使命を自覚し、日本国憲法及び法令を遵守し、一致団結、厳正な規律を保持し、常に徳操《とくそう》を養い、人格を尊重し、心身をきたえ、技能をみがき、政治的活動に関与せず、強い責任感をもって専心《せんしん》職務の遂行《すいこう》にあたり、事に臨んでは危険を顧みず、身をもって責務の完遂《かんすい》に務め、もって国民の負託にこたえることを誓います。」

ところが、センセイには宣誓式すらありません。選挙に受かったらそのまま自動的にセンセイとなるのです。

よく、初登院の映像で女性からバッジを付けられている写真や映像が報道されますが、あれは始めからバッジを付けているところに、院の女性職員がさっと手を出して記念写真を撮るためにやっている、ある意味「やらせ映像」です（笑）。いつからそうなったのかは知りません。もしかすると、かつては初登院時に職員から付けられていたことの名残かもしれませんね。そこで、私は初当選からずっと「初当選者の宣誓式」を行うことを提言しているのです。

昭和60年、衆・参の両院は本会議にて「政治倫理綱領」を決議しました。素晴らしい内容ですので、全文をここに掲載しておきます。

〔政治倫理綱領《こうりょう》〕

政治倫理の確立は、議会政治の根幹である。われわれは、主権者たる国民から国政に関する権能を信託された代表であることを自覚し、政治家の良心と責任感をもって政治活動を行い、いやしくも国民の信頼にもとることがないよう努めなければならない。ここに、国会の権威と名誉を守り、議会制民主主義の健全な発展に資するため、政治倫理綱領《こうりょう》を定めるものである。

一、われわれは、国民の信頼に値するより高い倫理的義務に徹し、政治不信を招く公私混淆《こんこう》を断ち、清廉《せいれん》を持し、かりそめにも国民の非難を受けないよう政治腐敗の根絶と政治倫理の向上に努めなければならない。

一、われわれは、主権者である国民に責任を負い、その政治活動においては全力をあげかつ不断に任務を果たす義務を有するとともに、われわれの言動のすべてが常に国民の注視の下にあることを銘記しなければならない。

一、われわれは、全国民の代表として、全体の利益の実現をめざして行動することを本旨《ほんし》とし、特定の利益の実現を求めて公共の利益をそこなうことがないよう努めなければならない。
一、われわれは、政治倫理に反する事実があるとの疑惑をもたれた場合にはみずから真摯な態度をもって疑惑を解明し、その責任を明らかにするよう努めなければならない。
一、われわれは、議員本来の使命と任務の達成のため積極的に活動するとともに、より明るい明日の生活を願う国民のために、その代表としてふさわしい高い識見を養わなければならない。

衆・参の各院において、議長・副議長参列の下、政党の別関係なくして、初当選したセンセイたちは、信託を受けた国民に対して、この「政治倫理綱領」の朗読を伴う宣誓式を行うべきではないでしょうか。

そして、それを高らかに朗読し終えた後に、晴れて一人一人にバッジの付与がなされるようにしてはいかがでしょう（他国においては、大統領も国会議員も、大抵の場合は宣誓式を行うのが常識のようです。次頁参照）。

国会議員の就任における宣誓

列国議会同盟（IPU）のデータベースで、宣誓の手続内容が判明した国の一部を抜粋

国名	手続の内容
アメリカ（下院）	議員は一斉に起立して右手を挙げ、議員の宣誓文に続いて宣誓する。
アメリカ（上院）	副議長が、議員をアルファベット順に４人ずつ前に呼び、呼ばれた議員は、右手を挙げて、副議長が読み上げる宣誓文に続いて宣誓した上、宣誓書に記帳する。
アルゼンチン(下院)	議長が、議員を選挙区のアルファベット順に前に呼び、呼ばれた議員から宣誓する。
アルゼンチン(上院)	全員が起立して、議長に対して宣誓する。
アンドラ	議員の任期は、選挙結果を政府が宣言したときから開始。議員の権利及び責務は、宣誓後に生じる。
イギリス（下院）	議長の宣誓後、各議員は議場中央の机の前で宣誓し、宣誓書に記帳後、事務総長により議長に紹介され、議長と握手をする。
インドネシア	議員は、就任前に本会議場で宣誓する。
インド（上下院）	議員の任期は、選挙結果宣告による任命時から開始。議員の特権及び免責特権は、宣誓し、または宣誓書に署名し、議員名簿に署名した後に生じる。
ウクライナ(上下院)	総選挙後、開会前に、宣誓文が読み上げられ、各議員は記載された宣誓文の下に署名する。宣誓を拒否した議員は失職する。
カナダ（下院）	議員の任期は、選挙報告書への署名等による任命時から開始。宣誓するまで、議員となることができない。
カナダ（上院）	議員の任期は、任命時に開始。宣誓し、資格証明書を提出するまで、議員となることができない。
グアテマラ	議長の前で、すべての議員が起立のうえ、宣誓する。
サモア	選挙後の最初の会議日に、各議員が議長の前で宣誓する。議員は、宣誓するまで、議会に出席し、投票することができない。
シンガポール	議員の任期は、当選時に開始。宣誓しなければ、議事手続きに参加できない。
ニュージーランド	議員の任期は、議会への召集令状の発行日の翌日に開始。議員は、宣誓しなければ、議事や表決に参加することができない。
ハンガリー	議員は、宣誓のうえ、宣誓書に署名する。
リトアニア	議員の任期は、議会の最初の招集日に開始。議員の国民代表としての権利は、宣誓後に生じる。宣誓を拒否し、または条件付きの宣誓をした議員は失職する。
リヒテンシュタイン	議員は、国王の前で宣誓する。
ルクセンブルク	議員は、公開の会議において、議長の前で宣誓する。
レソト（上下院）	議員は、議会において宣誓する。議員は、宣誓するまで会議や表決に参加できない。

※国会図書館からの調査報告書の抜粋（宇都隆史事務所にて調査依頼）

日本の近代史を学ぼう

閣議決定された「戦後70年談話」

平成27年の終戦記念日を前日に控えた8月14日、安倍総理がいわゆる「戦後70年談話」を発表しました。政治的に対立の続いていた中国・韓国との関係改善の兆《きざ》しが感じられつつある時期だったこともあり、新聞等では、「総理の個人的見解となるんじゃなかろうか？」という憶《おく》測《そく》記事も流れましたが、マスコミの期待に反して安倍内閣は「閣議決定」という重い選択を行い、戦後の謝罪外交に区切りをつけることに成功しました。

中国・韓国や、一部の日本・海外メディアは予想どおりの反応を示しましたが、思っていたよりも強烈な反発でなく、逆に実際に戦った相手国のアメリカやオーストラリア、戦場になった東南アジア諸国からは、賛同の声が寄せられたくらいでした。

特に嬉しかったのは「あの戦争には何ら関わりのない、私たちの子や孫、そしてその先の世代の子どもたちに、謝罪を続ける宿命を背負わせてはなりません」と、いつまでも過去のことを持ち出して、政治的に利用し続けることは、未来のためにならないことに初めて言及してくれたのです。

例えば、「お前のヒイ爺《じい》ちゃんは、昔ウチの先祖に酷《ひど》いことをしたから、お前はいつも会うたびに俺に謝れ」などと言われたら、友達になれないどころか喧嘩《けんか》になりますよね。でも、それを70年間言われ続けて、「ごめんなさい、私たちが悪かったです」と謝り続けてきたのが、これまでの日本の外交だったのです。

そんなことを繰り返していたら、日本の子供たちが自信と希望を持てなくなるのもよく分かります。平成25年度の『子ども・若者白書』（内閣府）によれば、「自分自身に満足しているか」と自己肯定感を問うた質問で、はいと答えた日本の若者は45・８％（韓国71・５％、アメリカ86・０％、ドイツ80・９％）でした。アンケート結果を見ていくと、全般的に閉塞感に包まれ、自信や意欲が低く、未来への不安と安定志向が目につきます。

もちろんすべてとは言いませんが、これまでの負の歴史観がもたらした弊害《へいがい》があるのではないでしょうか。いつか誰かがどこかの時点で、このような負の連鎖を終わらせなければいけなかったのです。

それを勇気をもって決断してくれたのが安倍総理でした。ただそれと同時に、戦争を語り継ぐことや、教訓を継承していくことの重要性も強調しています。

国家観と歴史教育

皆さんは、義務教育課程の「社会」の時間において、日本の近代史をどの程度習ったでしょうか。「3学期の最後に時間が足りなく、流す程度だった」という人が多いのではないでしょうか。自分の国の歴史を習うことで、私たちは先人やご先祖様の追体験を通じて自己のアイデンティティーや国家観・愛国心を確立することができるようになります。

私たちの国「日本」は、言語や文化、宗教観や人種構成が一定の幅のなかに納まるという、世界に稀《まれ》な同質性の高い社会構造を持っているので、海外の子供たちに比べて成長過程でアイデンティティーや国家観の必要性を突き付けられる場面に直面しにくい環境にあります。

ですから、教育現場においても「歴史教育による自己肯定意識の醸成《じょうせい》」という観点が抜けているのではないでしょうか。根無し草が水に浮いているかのように、他の意見に流されやすく、明確な立ち位置を持たない日本人が多いのは、このことに起因すると思います。

特に「日本の近代史」は授業で触れられないばかりか、大学受験の対象であるかないかによって、「日本史」自体も必修科目から外されてきました。実は私も、ゆとり教育を受けてきた一人であり、高校において選択科目であった世界史・日本史は履修しませんでした。ですから、そのまま行けば国家観を持たない今どきの若者の一人だったかもしれません。しかし、私の場合は大学において「戦史」を学んだことで救われました。

戦争を回避するために

人類の歴史とは戦争の歴史そのものであり、争いに至る背景に、政治・経済・金融・資源・食糧等の様々な要素が絡み合っています。ともすると学校教育では、それらの断片的な事象だけを切り取って「何年に何が起きた」という暗記物にしてしまうから、ストーリー性も面白味もなく、将来何の役に立つのか理解できず「非選択科目」となるケースが多いのではないでしょうか。

しかし、「幸福追求の最大の敵である『戦争』を如何《いか》にして回避すべきか」という視点に立つと、こんなに面白く有益な学問はないのです。一体何が戦争を誘発し、当時の政府や軍部はどこで選択肢を間違えたのか。そして今の時代に当てはめてみて、似たような現象は起きていないのか。各国の政策や国際社会の動向をどのように捉えるべきか等々……。

戦争を知らない私たちの世代が学ぶべきことは、そうした過去の歴史からの智恵と具体的手段であって、「過ちは二度と繰り返しません」と唱えるだけの反省の仕方ではないはずです。

平和を堅持するためには、戦争から教訓を学ぶことが一番の近道です。しかし、日本人の多くは先の戦争がいつ終わったのかも知らないようです。

例えば、皆さんは昭和20（1945）年8月15日に戦争が終わったと錯覚していませんか？この日を第二次世界大戦終結の区切りとして行事を行っているのは、世界広しといえども日本と韓国くらいのものです。かつて日本と戦ったアメリカ、イギリス、ロシア等では9月2日を対日戦勝記念日に、中国は翌日の9月3日を同記念日にしています。

なぜだと思いますか？ その答えは、近代史をしっかりと勉強すれば分かります。

近代史のおさらい

ここで、正しい近代史をおさらいしてみましょう。

昭和16（1941）年12月8日のハワイ真珠湾攻撃をもって、日本は対米戦争に踏み切りました。開戦当初、日本軍は破竹の勢いで勝利を収めていましたが、翌年6月5日のミッドウェー海戦で敗戦し海上優勢を失って以降、アメリカの圧倒的な物量と情報戦の優越により戦局は傾いていきます。

昭和19（1944）年に、サイパン島が陥落すると、そこを拠点としたアメリカ戦略爆撃機B29による東京空襲が始まり、昭和20（1945）年3月10日の東京大空襲では、死者約10万人の被害を出します。戦局の打開が見出せないなか、日本政府の中枢には戦争終結を画策する動きが出始めたのもこの頃です。

そのようななか、昭和20年4月7日に終戦の使命を帯びて鈴木貫太郎《かんたろう》内閣が誕生するのですが、7月26日に連合国より発表された「日本への降伏要求の最終宣言」（以下、ポツダム宣言）の扱いを巡って内閣と軍部は対立し、決断を先延ばしにしてしまいました。

降伏要求に屈しない日本に対し、連合国は8月6日、9日に連続して広島（死者約14万人）及び長崎（死者約7万人）へ原子爆弾を投下します。また同8日には、ソ連が日ソ不可侵条約を破棄し、宣戦布告をして侵攻してきました。

万事休した日本政府は、戦争終結に向けてようやく重い腰を上げたのです。8月9日深夜～10日における御前会議《ごぜんかいぎ》によって、天皇陛下自ら「これ以上国民を塗炭《とたん》の苦しみに陥れ、文化を破壊し、世界人類の不幸を招くのは、私の欲していないところである」との御聖断《ごせいだん》により「ポツダム宣言の受諾」が決定されました。

御聖断の下った御前会議の後、3日間で迫水久常《さこみずひさつね》（内閣書記長）、川田瑞穂《みずほ》（内閣官房嘱託《しょくたく》漢学者）を中心として「終戦の詔書《しょうしょ》」が書き上げられます。そして14日の閣議において決定され、同日に連合国に対しポツダム宣言を受諾する旨《むね》が口頭により通知されました。

しかし、本土決戦を最後まで主張した陸軍将校と「一億総玉砕」を叩きこまれていた国民を納得させるには、日本政府の戦争終結の意思を隅々まで知らせて、個別に戦闘を継続することのないように徹底させる必要がありました。そこで、「終戦の詔書」を天皇陛下ご自身の肉声にて録音したものを8月15日正午のラジオ放送にて流したのです。いわゆる「玉音《ぎょくおん》放送」です。また、翌16日に梅津美治郎《うめづよしじろう》（参謀総長）より「大陸命第1382号」が発出され、「即時戦闘行動を停止すべし」という命令が各部隊の指揮官へ下ったのです。

少し長くなりましたが、つまり8月15日は、過去の日本政府が戦争終結のための決心を行った日という意味では、戦争の大きな節目であることに違いないのですが、連合国より発出されたポツダム宣言を受諾し、実質的戦闘を停止させたいわゆる「停戦の日」であって、史実として戦争の終結を意味する日ではありません。

それでは、戦争はいつ終わったのでしょう?

ほんとうの終戦

同年9月2日、東京湾に浮かぶアメリカ艦艇ミズーリの艦上において、政府代表、重光葵《しげみつまもる》

（外務大臣）と軍部代表、梅津美治郎が日本の代表となり、マッカーサー元帥（連合国軍最高司令官）との間で降伏文書への調印式が行われました。

降伏文書には、「軍の無条件降伏、公務員における指揮人事権の移譲、国家統治権（主権）の剝奪」等が含まれていて、ここでポツダム宣言に示されていた降伏条件の内容が外交文書として正式に固定化され、日本の敗戦が国際法的にも史実としても、決定したのです。

戦争を戦った国同士の調印により、正式な勝ち敗けが法的に決定づけられるわけで、だからこそ戦勝国はこの日を対日戦勝記念日としているのです。

つまり、この日は日本が連合国に敗けた「敗戦の日」であり、主権が失われた呪わしい「亡国の日」なのです。

日本はこの日を境に国家統治権を失い、GHQ（連合国軍最高司令官総司令部）の対日占領政策に従い、日本の国家体制の解体が行われていきました。武装解除、財閥解体、農地解放、教育基本法の制定、放送法の制定等、ありとあらゆる国の根幹をなす制度・法律が占領軍によって変更されました。

最たるものは憲法改正です。現行の日本国憲法は、GHQによりわずか2週間で起草《きそう》変更され、昭和22（1947）年5月3日に施行されました（憲法の問題は後ほど述べます）。これらの主

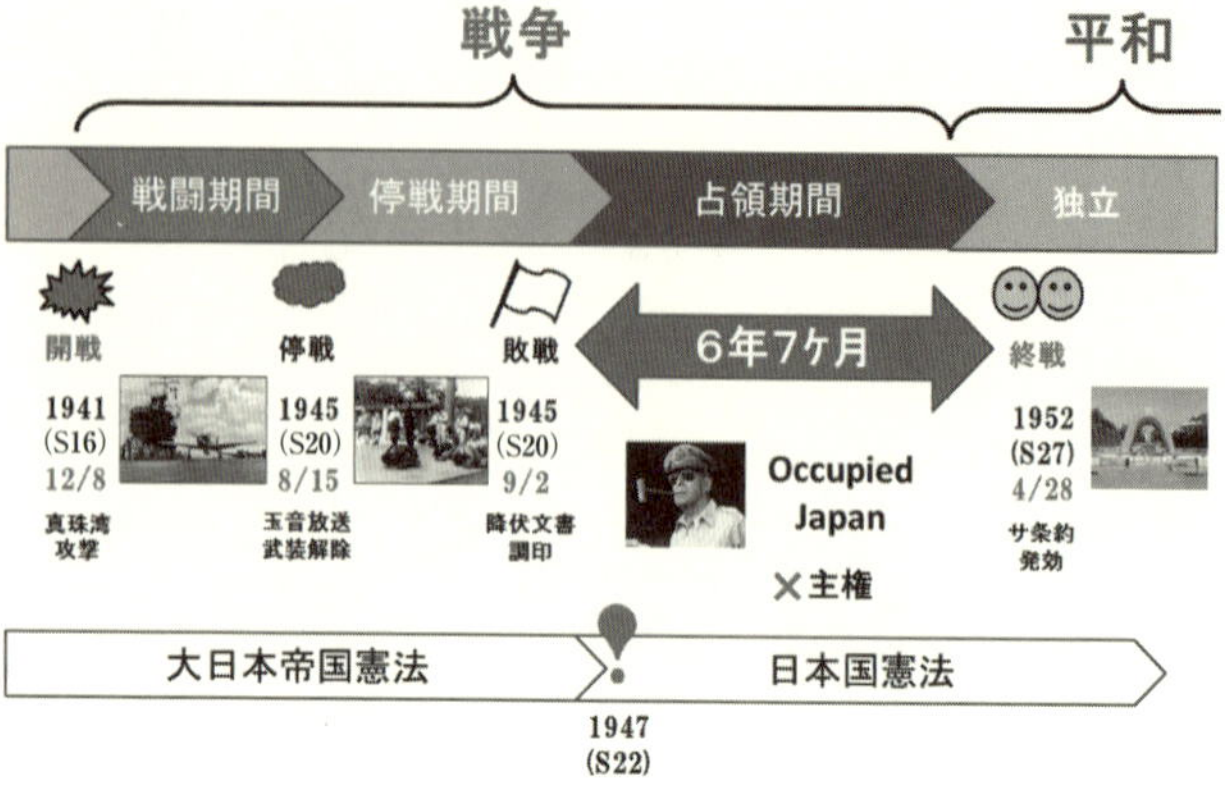

要な法改正は、日本の国家統治権（主権）が存在しない状態のなかで行われたという意味で、国際法違反である可能性が高いのです。

話はだいぶそれましたが、戦争はここでもまだ終わっていないのです。国際法的・歴史的な戦争の終結は「講和条約」の締結をもって定義づけられます。つまりその瞬間こそ終戦であり、両国に平和の訪れを意味するのです。

日本の戦争が終結するのは、昭和27（1952）年4月28日のことで、日本とアメリカを含む49カ国の間で結ばれた「サンフランシスコ講和条約」が発効したときなのです。日本はこの日、晴れて国際社会に復帰しました。

条約中にて、第1条a「日本国と各連合国との間の戦争状態は、第23条の定めるところによりこの条約が日本国と当該連合国との間に効力を生ずる日に終了する」として、戦争の終了を明確にし、第１条b「日本国及びその領水に対する日本国民の完全な主権を承認する」として６年７カ月にわたる占領統治下より国家統治権（主権）を取り戻すと共に、第５条c「日本国が主権国として国際連合憲章第51条に掲げる個別的又は集団的自衛の固有の権利を有すること及び日本国が集団的安全保障取極《とりきめ》を自発的に締結することができることを承認する」として、日本の独立国家としての自衛権と再軍備が保証されたのです。

講和会議をめぐるエピソード

近代史の最後に、この講和条約締結に至る会議のエピソードをいくつか紹介しておきます。現在の国際社会の構図を理解するためにも、日本の国際復帰を各国がどのように扱ったかという史実を覚えておくことは重要です。

講和会議は、昭和26（１９５１）年７～８月にかけて、英米の連名で日本を含む53カ国に招請状が発出され、同年９月４～８日にかけて、サンフランシスコ市街のオペラハウスにて開かれました。対日戦勝国であった常任理事国の中華民国（台湾）及び、日本と交戦していない誕生したばかりの中華人民共和国は招請されませんでした。両国との講和は、独立後の日本自身の選択に任せられたのです。

ちなみに、我が国は中国（中華人民共和国）とは一度も戦っていません。私たちの祖父が戦った相手は蔣介石《しょうかいせき》が率いる中国国民党（国民革命軍＝「台湾」）であって、毛沢東《もうたくとう》が率いる中国共産党（中国人民解放軍＝「中華人民共和国」）ではありません。このことも学校では教わらないので覚えておいてください。

大韓民国臨時政府（以下、韓国）は、度々の参加表明をしていましたが、戦時中に日本と戦争などしてなく、またどの国もまだ国家承認していなかったため、中国と同様に招請されませんでした。ちなみに韓国（李承晩《りしょうばん》政権）は日本の国際社会復帰に反対すると共に竹島の編入を含めた要望書を提出し、それが拒否されると実力行使に及び竹島を不法占拠したのです。

ソ連は、樺太《からふと》南部と千島《ちしま》列島のソ連移譲を要求しました。しかし日本代表の吉田茂（首相）は、降伏直後の9月20日にソ連により一方的に占領されたと演説し、ソ連の言い分を突っぱねました。アメリカ全権のフォスター・ダレスは、日本に千島・樺太を放棄させ、その一方で帰属先をわざと空白にし、領土問題を日本とソ連の二国間の処理に託すことを決めたのです。

最終的に、ソ連、ポーランド、チェコスロバキアの共産主義の3国は、中華人民共和国の参加が認められないことを理由に講和条約に署名しませんでした。

最も悩ましかったのは賠償問題です。インドネシアは総額８億ドルにも及ぶ賠償を求めました。当時の日本にとってそれは顔面蒼白になるような巨大な額でしたが、日本は苦しい財政事情と困窮のなか、頑張って完済してきたのです。

一方、セイロン（現スリランカ）のジャヤワルダナ代表（当時財務大臣、スリランカ第二代大統領）は、「憎悪は憎悪によって止むことはなく、慈愛によって止む」という仏陀の教えを引用した感動的な演説を行い、日本の独立を寛容の心で受け入れ、賠償請求放棄の流れを作ってくれました。同様の趣旨でインド、ラオス、カンボジアなども請求を放棄したのです。

他国の国民は、今でもこのようなエピソードを歴史教育で習って知っているのに、日本人がこのような「他国から受けた恩」を知らないというのは、国際人として恥ずかしいことです。是非とも、海外に行くときはこのような過去の経緯も含めて勉強してから行くようにしてください。

「平和安全法制」――卑怯者と呼ばれないために

押し付けられた憲法

日本の近代史を頭に入れたところで、戦後の安全保障の取り組みについて基礎的なことをおさらいしておきましょう。先ほども述べたように、日本は戦争に敗け、主権を失い連合国によって占領統治をされました。そして、このときに国の根幹となる法規範である憲法を変えられたのです。

GHQ最高司令官であったマッカーサーは、日本が敗戦した翌年の昭和21（1946）年2月に、部下に命じて大日本帝国憲法の改憲草案を起草させます。その起草に加わった者のなかには、国際法学者や憲法学者、立法事務経験者が一人もいないような有様《ありさま》で、まさに素人集団に、わずか2週間の時間的猶予《ゆうよ》を与えて憲法を起草させたのです。

時間的猶予と専門的知識のないなかで課題を出されれば、皆さんでもすることは一緒でしょう。そう、あまた存在する世界中の憲法・条約等から、適当な部分をコピペして体裁を整えるしかありません。日本の文化や伝統、宗教観や価値観など一切考慮されていない、魂の抜け殻のような憲法が誕生したわけです。

ちなみに、占領した国の法律を意図的に書き換えるこのような行為は、明確な戦時国際法違反であって、ハーグ陸戦条約（１９０７年締結）の条約附属書「陸戦ノ法規慣例ニ関スル規則」の第43条においても、「国の権力が事実上占領者の手に移ったうえは、占領者は絶対的な支障がない限り、占領地の現行法律を尊重して、なるべく公共の秩序及び生活を回復確保する為、施せる一切の手段を尽くさなければならない」と規定しています。つまりアメリカは、国際法を犯してでも日本を骨抜きにすることに執着したわけです。

主権が存在しないこの時期、すべての法律はGHQの許可なくして立法することはできませんでした。憲法も同様です。ですから、日本人が作った憲法ではなく、アメリカ人の素人が作り、日本に改憲の手続きを強引に踏ませた、まさに「押し付けられた憲法」なのです。

主権のない日本人に与えられた憲法ですから、自分たちで国を守るための規定や、緊急事態における国や行政の権限が定められていません。当時は主権はアメリカにあったので、「何か事があれば、アメリカが守ってやる」ということだったのでしょう。

ですから、憲法の前文には「平和を愛する諸国民の公正と信義に信頼して、われらの安全と生存を保持しようと決意した」なんてとんでもないことが書かれているのです。「世の中はみんな良い人や良い国ばかり。だから争ったりせずに、相手の国や国民の皆さんの善意にすがって生きていきましょう」という徹底した他力本願がうたわれているのですね。もはや独立国家とすらいえない有様です（泣）。

しかも、憲法9条1項には「戦争放棄」が、2項には「戦力の不保持」が定められていて、皆さんが読んでも「これって、いざというときには、どうやって国を守るの？」という突っ込みを入れたくなるような、国家機能として完全に欠落した内容になっているのですね。

朝鮮戦争から日米安全保障条約

望みどおりに日本の力を奪ったアメリカですが、そのままではまずい環境の変化が訪れます。その変化とは、昭和25（1950）年に勃発した朝鮮戦争です。

朝鮮戦争と聞くと朝鮮半島内の内乱のように聞こえますが、その実態は「アメリカvs.ロシア・中国」の代理戦争であり、「東側の共産社会主義国家vs.西側の自由民主主義国家」の冷戦の幕開けでした。

アメリカは日本に駐留させていた戦力のほとんどを朝鮮戦争に投入せざるを得なくなり、その結果、軍事的空白地帯となった日本において、日本人による共産革命が起こることを真剣に恐れました。当時、いわゆる「コミンテルン」と呼ばれた東側の共産主義思想を拡散することを主目的としたスパイが世界中で暗躍し、日本でも知識層やエリート階級を中心に洗脳された人が多かったのです。

今の70歳以上の皆さんのお爺ちゃん世代に話を聞いてみてください。「マルクスの資本論を読んでいない者など、識者に非ず」というような、そんな時代があったと教えてくれるでしょう。ソ連や北朝鮮のような国になることが日本の将来のためになると、真剣に信じていた人たちが少なからずいた時代なのです。

アメリカは、戦力不保持の憲法を押し付けておいて、今度は都合よく、革命発生時に国内秩序を守れるだけの組織を作れと日本政府に命じました。勝手なもんでしょう？　それにより誕生したのが陸上自衛隊の前身となる「警察予備隊」です。私たちの自発的な立法行為ではなく、ポツダム政令の一つである警察予備隊令によって作らされたのでした。

そして、私たちは昭和27（１９５２）年にサンフランシスコ講和条約の発効をもって、アメリカの占領から解き放たれ独立を回復します。この経緯は先ほど述べたとおりですね。

晴れて主権を回復した日本には、自分たちの国を自らの努力で守っていく義務が発生しました。しかし、とてもではありませんが憲法を改正するような国内世論環境にはありませんでしたし、まだまだ戦後復興の道半ばで、米軍に取って代われるだけの軍事力を持つ経済的な余裕もなかったわけです。

そこで、駐留米軍にそのまま駐留してもらい、協同して日本の防衛に当たりながら徐々に力を蓄えていくことを考えました。

そして昭和26（1951）年、初めての日米安全保障条約が結ばれ（翌年に発効）、米軍が引き続き駐留することを条約で認めたわけです。現実的な選択として、それ以外には考えられなかった時代背景を理解する必要があります。

自衛隊法

さて、独立を回復した政府は、保安隊法という新たな法律を自ら立法し、警察予備隊を「保安隊」という名称に改め、海上自衛隊の前身である海上警備隊と統合します。しかし、保安隊の任務は「我が国の平和と秩序を維持し、人命と財産を保護する」とあるように、外敵からの国防組織とはなっていませんでした。

そこで、当時の吉田茂首相は、「憲法解釈の再整理」を行い、国防のための専属組織「防衛庁自衛隊（陸・海・空）」を発足させたのです。自衛隊法が施行された昭和29（1954）年7月

1日のことでした。

しかし、これまで国会において、内閣法制局長官も含め、散々「現行憲法では軍事組織を持つことはできない」と答弁してきた後だけに、野党の反発はすさまじいものがありました。「戦車を保有する陸上自衛隊を軍隊ではないと言い張るのは詭弁《きべん》である」との質問に、「あれは戦車ではなく特車という別ものだ（少し前まで、戦車のことを特車と呼んでいたんですよ……嘘のような本当の話です）」というような答弁を真顔でしていた時代です……。

憲法で軍隊を持たないことをうたっているので、自衛隊は軍隊ではありません。そうすると、似たような兵器を装備しているのに、「一体、軍隊と自衛隊はどこが違うのか？」ということをはっきりさせておかねばなりません。

そこで頭のいい官僚が、サンフランシスコ条約でも認められた個別的自衛権と集団的自衛権（次頁参照）に目を付けたのです。普通の国のいわゆる「軍隊」は、同盟国を守るための集団的自衛権と、自国の安全を守る個別的自衛権の両方を行使できるわけですが、自衛隊はあくまで自然権としての国の存立を確保するための個別的自衛権しか行使せず、しかも、あくまで専守防衛――つまり先に手を出さず、攻撃されても必要最小限の「防衛」のみしか行わない実力部隊であるから軍隊とはいえない、という解釈を国会の論戦のなかで定義づけていったわけです。

「個別的自衛権」と「集団的自衛権」

普通の国の場合

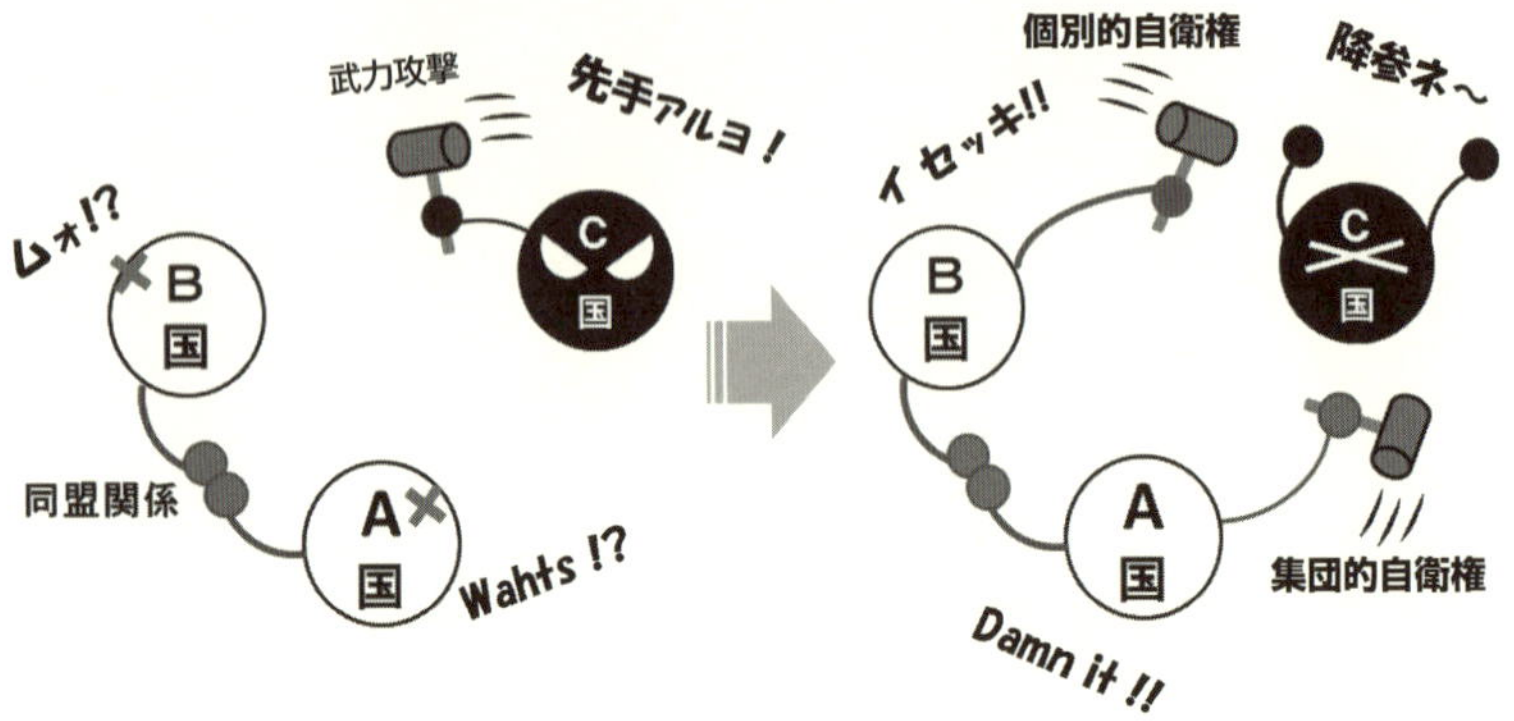

日本の場合

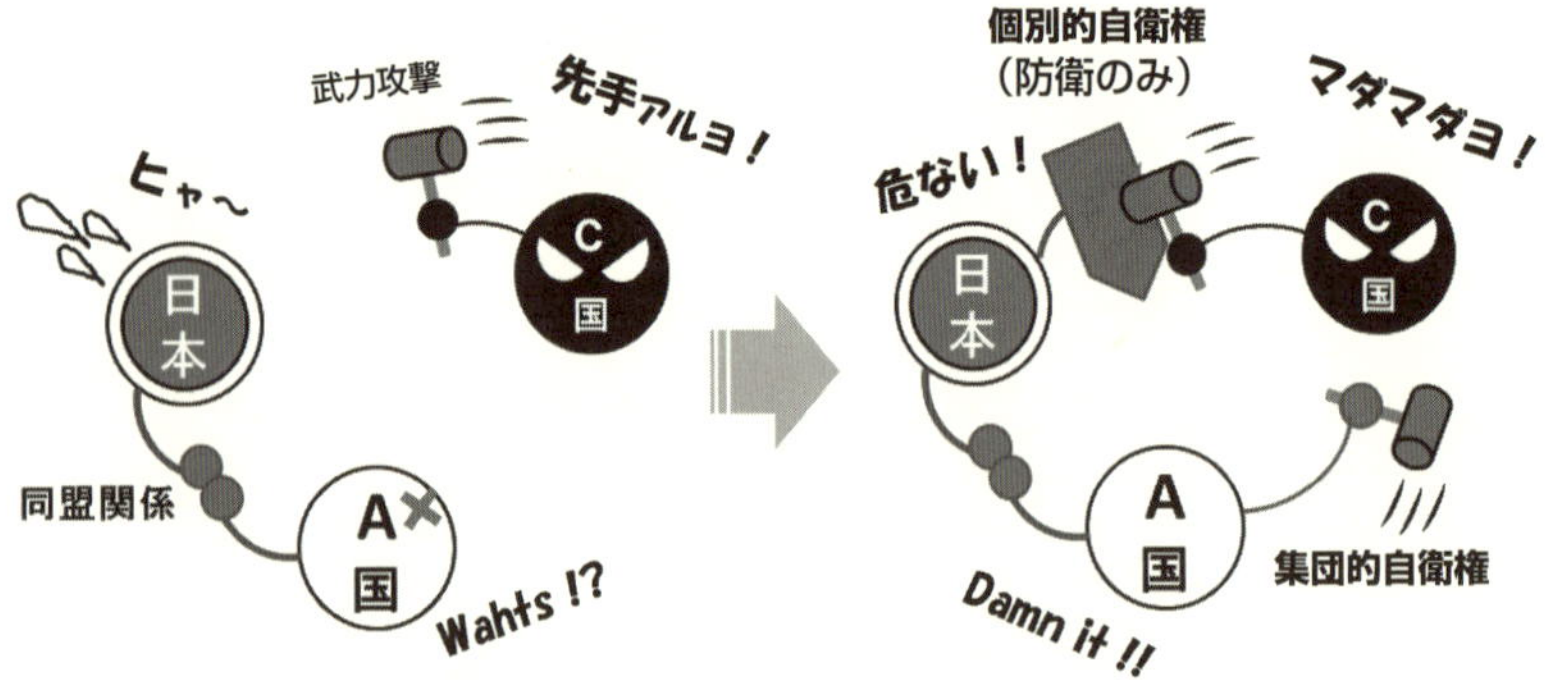

※自衛隊の防衛出動には、「必要最小限度の行使」という制約があるため、個別的・集団的のどちらにおいても、相手国領域内における武力の行使はできません。

政治的レトリック――いうなれば大人の方便《ほうべん》という、いかにも日本人らしい曖昧《あいまい》かつ机上の空論的な政治決着ですね。

冷たい世論

このようにして産声《うぶごえ》を上げた自衛隊は、軍隊なのか警察の延長なのか、はっきりしない状態のまま成長を遂げていきます。

最初の30年ほどは、本当に苦労の連続でした。アメリカとソ連という大国の軍拡競争の狭間《はざま》でオギャーと生まれ、始めの頃は「基盤的防衛力構想」という考えの下、ソ連のような外圧に対して即時対応できるだけの戦力を常備するのでなく、その基盤となる戦力を全国各地に平均的に構築していくことが主眼でした。

この時期、自衛隊員の社会的地位は相当低く、ノーベル賞作家の大江健三郎氏などは新聞のコラムにおいて、「防衛大学校生をぼくらの世代の若い日本人の弱み、一つの恥辱《ちじょく》だと思っている。そして、ぼくは、防衛大学の志願者がすっかりなくなる方向へ働きかけたいと考えている」とまで侮蔑《ぶべつ》発言を行いました（彼は東日本大震災にて活躍した自衛官を、どのような気持ちで眺《なが》めたのでしょうか？）。隊員も胸を張って自衛隊員であることを公に言えないような委縮したムードに包まれていた時代でした。

最近では、「婚活で大モテの自衛隊員」というのが流行《はや》りですが、当時は結婚するまで自衛官の身分を明かさなかった人もいたそうです。もちろん、制服や迷彩服で公共交通機関を利用したり、テレビに映ったりするのはタブーの最たるもので、転勤先でも自衛官というだけで役所の職員が転入届の受付を拒んだり（沖縄の部隊へ最初に赴任した先輩は、2カ月転入届を受け取ってもらえなかったと話していました）、自衛隊に就職すると言ったとたん学校の先生が口を利いてくれなくなったり、本当に差別的な待遇を受けていた暗い時代がありました。

吉田茂元首相が、防衛大学校第1期生の卒業式において、「君たちは自衛隊在職中、決して国民から感謝されたり、歓迎されることなく自衛隊を終わるかもしれない。きっと非難とか叱《しっ》咤《た》ばかりの一生かもしれない。ご苦労だと思う。しかし自衛隊が国民から歓迎されちやほやされる事態とは、外国から攻撃されて国家存亡のときとか、災害派遣のときとか、国民が困窮し国家が混乱に直面しているときだけなのだ。言葉を換えれば、君たちが日陰者であるときのほうが、国民や日本は幸せなのだ。どうか、耐えてもらいたい」と言葉をかけたという逸話がありますが、事実かどうかは別として、当時の世論をよく反映しています。

三矢《みつや》研究問題と統幕議長解任問題

そっぽを向かれたのは世間からだけではありません。政治からもずっと冷たい扱いをされ続けてきたのです。

自衛隊が発足して11年後の昭和40（1965）年、三矢《みつや》研究問題というのが起こりました。三矢研究とは、当時の防衛庁統合幕僚《ばくりょう》会議（普通の会社でいう東京本社の経営企画部みたいなものをイメージしてください）が、昭和38（1963）年から極秘裏に行っていた防衛図上演習（シミュレーション）の名称です。

東西冷戦下において、朝鮮戦争が再発した場合にそなえ、作戦の段階をおって陸海空の三自衛隊が、どのようにして統合運用を発揮できるかという自主研究を行っていたわけです。「えっ、それくらいして当然でしょう？」と思いますよね。しかし当時はそんな国内環境ではありませんから、社会党の国会議員がこれを国会で暴露して、蜂《はち》の巣をつついたような大騒動に発展したのがこの三矢研究問題です。

就任して間もない佐藤栄作総理は国会において防戦に立たされ、またマスコミも野党の肩を持って政権を叩いたものですから、これを機に防衛問題は国会におけるタブーの風潮を加速させ、同時に「自衛隊が勝手に有事の研究をすることは罷《まか》りならん」というおかしな風潮が出来上がったわけです。

それから13年後の昭和53（1978）年、今度は栗栖弘臣《くりすひろおみ》統合幕僚会議議長の解任問題というのが起こりました。

制服組のトップである統合幕僚会議議長に就任した栗栖陸将が、週刊誌の取材に応じる形で、自衛隊法の欠陥を指摘し、グレーゾーン事態から有事に至るまで自衛隊がスムーズに出動するための法律の必要性を述べました。もしそれがなければ、現場の指揮官は「超法規的に」（つまり法律がないので各自の判断で）行動せざるを得ないと答えたのが政治問題化し、吊《つる》し上げられたのです。

当たり前のことを言っているにすぎません。これがようやく整ったのは、平成27（2015）年の平和安全法制の制定においてです。政治の怠慢としか言いようがありません……。

栗栖陸将は記者会見でも自分の信念を曲げずに同様の主張を繰り返したため、シビリアンコントロールに反する（つまり、政治家の言うことを聞かない生意気な奴）という理由で、金丸信防衛庁長官に事実上解任されました。しかし、ご本人の名誉のためにも正確に記せば、解任されたのではなく、自分から辞表を叩きつけて辞任したというのが事実です。

栗栖陸将の信念の訴えは心ある政治家にも届き、当時の福田赳夫《たけお》首相は閣議決定により有事法制の研究をするように防衛庁に指示を出し、ようやく防衛問題が議論されるようになってきたわけです。

80〜90年代

80年代に入ると、実動をもって国の主権を守らねばならない事態に直面するようになりました。昭和62（１９８７）年、航空自衛隊は初めて、実任務の最中に空において武器を使用しました。ソ連空軍Ｔｕ16型偵察機による、沖縄本島領空侵犯事件です。

二度にわたり沖縄上空を領空侵犯したソ連の偵察機に対し、スクランブルで対処していた戦闘機は定められた手順どおりに警告射撃を実施しました。偵察機の前に出た一番機から、海上の安全を確認してバルカン砲による曳光弾《えいこうだん》を数発発射し、相手に行動の抑制を求め、警告に応じるようにさせるための処置です。しかし、それも完全に無視され、ソ連の偵察機は悠々と自国に帰っていきました。

パワーバランスが大きく崩れていると、このような一方的な主権侵害に対して手も足も出ずに安全を脅かされるという強烈な教訓を得たのですが、このときにも「自衛隊が武器を使った」ということをマスコミが大々的に取り上げ、自衛隊の武器の使用基準は、非常にハードルを高く設定されていくわけです。おかげで、つい最近まで自衛官は自分や仲間が撃たれて実際に被害を出すまで、応戦することもできませんでした。警告射撃や銃口で行動を制することも制限されていたのです。これまで被害が出なかったのは奇跡です。

今回の平和安全法制においてようやく、自衛隊は海外展開時に国連基準の武器の使用ができるようになりました。


このように、長い間政治に冷たい扱いを受けていた自衛官ですが、90年代に入り政府の防衛外交政策に大きな転換期が訪れます。きっかけは平成3（1991）年のソビエト連邦の崩壊による冷戦の終結と、イラクのクウェート侵攻に端を発した湾岸戦争です。

このとき、国連の安全保障理事会において、国連決議678が賛成多数で可決され、多国籍軍によるサダム・フセイン政権との戦いが始まります。日本は自衛隊を出すわけにもいかず、後方支援もできず、やむなく支援資金として総額約130億ドル（約1兆5500億円）を多国籍軍に提供しました。ところが、イラクから解放されたクウェートがアメリカ主要新聞に出した感謝広告の「クウェート解放のために努力してくれた国々」のなかに日本の国名はなかったのです……。

国際社会からも冷たい視線を向けられ、同盟国であるアメリカとの関係もぎくしゃくし始めた日本は、「自分たちさえ安全であればよい」という一国平和主義から脱却し、「日本も国際社会の一員として、可能な限り世界の平和と安定に貢献していくべき」として、外交・安全保障政策の大転換を図りました。

平成４（１９９２）年にはＰＫＯ協力法を制定させ、平和の使者として自衛隊を部隊派遣する流れが生まれ、平成15（２００３）年にはイラク特別措置法を成立させて、戦争の終わったイラクの復興支援のために、多くの自衛官が汗を流しました。現地の人々から感謝され尊敬され、平和国家日本の新たな道を身をもって示してくれたのです。

イラク戦争が終わっても、世界はテロとの戦いや、国際ルールを無視する中国との衝突など、危険に満ち溢れています。常に変化する安全保障環境に適切に対応していく国だけが安全と繁栄を保ち続けることができるのです。

平和安全法制と無責任なメディア

平成27（２０１５）年の安倍政権における平和安全法制は、現在の日本を取り巻く情勢を踏まえたうえで、現行憲法の枠内の最大の努力を行った結果でした。

しかし、一部の野党やマスコミは「戦争法案」などというありもしないレッテル張りをし、オオカミ少年が村人を煽《あお》ったのと同じように、「戦争になるぞ～」「徴兵制が始まるぞ～」「国民の権利が侵害される世の中になるぞ～」とデマばかりを流しました。「民主主義は死んだ」などと言う人もいました。

私は何度か「法案のどの部分を読むと、そのようなことが書かれているのですか?」と聞き返したことがありますが、それに対して納得のいく回答をしてくれた人は誰もいません。多くの反対意見を述べる人たちはイメージと空気だけで、「危険だ、大変だ」と不安を煽るだけです。そのような大衆扇動《せんどう》こそが最も危険なのです。戦前にマスコミがこぞって国民を戦争に煽った反省が見られません。

このように、さも自分たちの意見だけが正しいかのように振る舞う人たちに「民主主義」を説いてほしくないものです。民主主義とは、もっと冷静かつ謙虚なもので、対案も出さずに反対を唱えているだけで、平和が保てるわけがないのです。

マスコミや野党だけではありません。（失礼ながら、あえて言いますが）一般の国民の皆さんも、卑怯じゃないかと思うことがあります。

それは「自分にさえ被害が及ばなければそれでいい」という自己中心的な考えが存在し、積極的に世界の平和に貢献することは悪で、軍事的なことには一切触れないことのほうが正しい姿であるかのような主張を語られる方が少なくないからです。

「子供たちを戦場に送るな」などというのはその最たるもので、国防の任務は、身を挺《てい》して国と国民の安全を守る崇高な仕事です。怖くて危険な仕事ですが、誰かがやらねばならない仕事です。自己中心的な主張をする人たちの声は、「自分の子供が安全なら、他の子はどうなってもいい」「日本人の若者が血を流さないで済むなら、アメリカ人の若者がどれだけ血を流そうが構わない」というふうにしか聞こえません。

いざというときは、日本の守りをアメリカの若者に肩代わりしてもらうくせに、「子供たちを戦場に送るな」とよく言えたものです。

もしそのヒューマニズムが本物なら、日米同盟も解消してアメリカの若い軍人たちを自国に帰してあげ、ルールを守らないならず者のテロリストや中国軍のところまで行って、無抵抗主義を貫いて説得にあたったらよいのではないでしょうか。マハトマ・ガンジーがやったように、宗教や愛をもって、命懸けで平和を説いてはいかがでしょう。

宗教家や教育者がするように高い理想を掲げて平和を説く、そのようなやり方を、私は尊敬します。しかし、政治とは俗人的なものであり、政治家とは徹底した現実主義者（リアリスト）でなければなりません。なぜなら、自分の信念や理想のために、国家や国民を不幸にするわけにはいかないからです。

現在、日本の独立と日本人の生命財産を守っているのは22万人の自衛官です。私たちは自分がリスクを負わない代わりに、年間約5兆円の国防費を拠出して彼らにリスクを肩代わりしてもらい、安心安全と平和な暮らしを手に入れているのです。

戦争が起こらなくても、訓練や災害派遣で自衛隊員は命を落とします。平成27年10月現在で、殉職《じゅんしょく》した隊員の数は１８２７名です。このような尊い犠牲の上に、私たちの日々の安全は守られているんだと思うと、自然と感謝の思いがわき、「自分さえ良ければ」などという考えがいかに恥ずかしく自己中心的であるかに気づくと思います。私の大学の友人も、すでに3名が訓練で殉職しています。私は事あるたびに、日本を守ってくれた彼らに心の底から手を合わせています。

憲法を国民の手に取り戻せ

憲法の役割　その1

最後に憲法に関する話をしたいと思います。憲法の話をするときに避けて通れないのは、「そもそも憲法とは何なのだろうか？」という本質的な疑問です。少し難しい専門的な言い方をすれば「立憲主義」というのですが、皆さんには、それを理解してもらわなければなりません。

憲法という概念は、近世ヨーロッパにて生まれました。当時のヨーロッパの国々は王家の血筋をひく人が、世襲《せしゅう》で国家権力を継承していくという王様が中心の絶対君主制国家でした。そのような国では、王様が賢く国民思いで、政治体制が安定しているときはいいのですが、国民をいじめたり、私利私欲の限りを尽くす自分勝手な王様が誕生すると、そんな時代は本当に悲惨なものとなります。

現代の北朝鮮のような国を想像してください。国の指導者や、政府高官・高位軍人は贅沢《ぜいたく》の限りを尽くしているのに、普通の国民は明日食べるものにさえ困る飢餓状態にあえいでいるという具合です……。

近世フランスの王妃、マリー・アントワネットは、貧困にあえぐ国民を目の前に「パンがなければ、お菓子を食べればいいじゃない？」と超KYなことを言って反感を買ったとの逸話がありますが、ひどい政治が続いたフランスでは、1789年、バスティーユ監獄襲撃を契機に一般市民と貴族が王権に反抗する革命が起こり、力によって王権から政治を奪い取り、王家の人々を裁判にかけて、ギロチンで死刑にしてしまいました。いわゆるフランス革命です。

「王家による政治はもうこりごり、これからは国のリーダーは自分たちの手で選挙で選ぼう」と「王政」に対して「民主制」という政治体制が生まれるのですが、新しいリーダーがかつての王様のように、独善的になり私利私欲の限りを尽くさないとも限りません。

そこで「法律やルールを定めることは権利として認めるけれども、あくまでその範囲は、憲法の枠組みのなかだけにとどめますよ！　それに反して法律を作ることは違憲ですよ」という政治のルールが生まれました。

これが「立憲主義」という政治の大原則で、少し難しい言い方をすると「法律を決めたりする最大の枠組みは主権者である国民自らが決定し、その憲法が許す範囲において、国家権力（立法権、行政権、司法権）は適用される」というものです。

確かに、こういう一定の歯止めがないと、ヒトラーみたいな人が出てきて、自分の思うままに法律を変えてしまい、独裁政治をする可能性がありますよね？

憲法の役割　その2

もう一つ、憲法には重要な役目があって、それは「国柄を定める」というものです。自分たちの国をどのような国にしたいのかというのは大切なことです。

社会の問題を解決するにも、他国を参考にして何でもかんでも、よその制度を導入すればいいというものではありません。それぞれ、国には国柄というものがあって、日本であれば日本の伝統や文化、歴史や国民性に即した政治である必要があります。それを示しておくのも憲法の役目なのですね。

ところが、私たちの憲法は主権者である国民の手によって定められたものではないので、日本の国柄というものを全く表していません。制定の経緯等は先ほど詳しくお話ししたとおり、日本人が自分たちの未来を考える権限を奪われていた時代に、占領者であるアメリカによって都合のいいように書き換えられた「押しつけ憲法」なのです。「それなら何で早く改正してしまわないの？」と思うでしょう。

ところが、私たちの国、日本では戦後一度も憲法は改正されていません。なぜなら、自分たちの手で簡単に修正できないように細工が施され、簡単には憲法を変えることができないようになっているからです。

時代にそぐわない部分や、かつての社会環境では考えられなかった欠落した部分を修正し、改めて国民が承認する手続きをすることを「憲法改正」というのですが、それをできなくして、二度とアメリカに歯向かえないようにしたのですね……。世界の国では、時代に即して憲法を改正するのは常識的なことで、同じ敗戦国のドイツは、58回も憲法改正を行っています。

憲法は主権者である国民が政府に対し権力の乱用を防ぐために決めた枠組みですから、時代の変化により修正するときには、国民からの了解を得なければなりません。それが憲法改正の手続きでいう「発議」というものです。

日本の憲法は、この発議の条件がとても厳しく定められていて、衆議院において全議員の3分の2以上の賛同、それに加えて参議院において全議員の3分の2以上の賛同をもって初めて、国民投票にかけることができます。

逆に言えば、センセイの3分の1が反対すれば憲法は変えられないのです。つまり主権者の半数以上が改憲を求めていても、衆議院か参議院のいずれか3分の1（衆・159人／参・81人）が反対すれば改正はできないことになり、これでは国民のものとはいえません。3分の1の国会議員を選ぶ有権者の意思のほうが、その他大勢の意見より優先されるのですから。

民主主義のルールは厳しい

憲法改正に反対する人々は、この「立憲主義」の観点から、「時の政権が憲法改正に言及したり、憲法の解釈の変更を行うのは、与えられた権力の範疇《はんちゅう》を超えている。立憲主義の侵害だ」ということを言いますが、それは全くの間違いです。

憲法に「白」と書かれていることを「黒」といえば侵害ですが、過去に想定されず明確に記述されていない事項を「このように解釈できる」と定義づけをするのは、行政に与えられた権利の範疇で、それはニュースキャスターや憲法学者が決めることではありません。時の内閣が行うしかないのです。その解釈に基づいて作られた法律が、憲法に抵触するかどうかを最終的に判断するのは、最高裁判所です。

憲法そのものの条文を変更するには主権者である国民（読者の皆さん）の判断を仰ぎ、投票者の2分の1以上の賛成を得なければなりません。新たな憲法改正の案が承認されればいいのですが、されなければ政府は現状の枠組みのなかでしか政治の舵取りをできないわけです。

具体的な事例を挙げると、例えば「交戦権は……」という有名な憲法9条の改正のための発議をしたとしましょう。ところが、国民投票によって反対多数で否決された、となればそれが主権者の意思であり、政府はそれを受け止めなければなりません。

ただし！　主権者である国民は（つまり、読者の皆さんは）、その憲法下で想定されていない国家緊急事態や他国から侵攻があったときは、諦《あきら》める覚悟を持ってもらわなければならないということを忘れないでください。

「平和憲法は大事だから一言一句変えたくないけど、いざというときは、私たちの安全は絶対に守ってもらう」などという虫のいい話は世の中には存在しないのです。

だって、自分に置き換えて考えてみてください。あなたの恋人から、「喧嘩は絶対にいけないことで、どんな理由があっても暴力なんて許さない。それでも、私が危険な目にあったら、力を使わずに暴漢から守ってくれなきゃイヤ」なんて言われたら、「無理でしょ？」って言いたくなりますよね。

憲法の範囲を超えた内容を、政治に要求することはできないのです。その結果、「自分の身が危険にさらされても、愛する人を失っても、子供たちの未来が奪われても、それは自らが選択したことであって、その結果は自分自身で受け止めなければならない」というのが、残酷ですが民主主義のルールです。

「民主主義」とは、聞こえはいいですけど、結構厳しいルールなんですね。日本ではこの、「民主主義の厳しさ」を理解していない人が多くて、「政治は誰かがしてくれるもの」もしくは「誰がしても一緒。でも世の中が悪いのはすべて政治の責任、自分はその被害者の一人」というような他人任せの風潮が強いですが、これを乗り越えなければ、世界の荒波を乗り越えていける真の民主主義国家にはなれません。

主権者自らの努力と責任において、未来を切り拓《ひら》いていくこと。それが「憲法を国民の手に取り戻す」ということなんです。

一万円札の肖像にもなっている福沢諭吉先生は、昔こんなことを言いました。

「一身独立して、一国独立す」

国民の一人一人の自立と民主主義への理解があって、初めて国は自立して強くなれるという意味であって、「賢い有権者として、常に自分のこととして政治に向き合いましょう」ということなんですね。少し難しいかもしれませんが、とても大切なことなので、皆さんの心の奥にとどめておいてください。

第4章　政治を身近に感じよう

センセイ、今報告いいですか？
どうぞー
資料まとめておきました！確認お願いします！
うん、よくまとまっていてわかりやすいよ
ありがとうございます
よし、任務終了！
おーい、マモル！昼飯いこうぜ！
あっ、はい！
マサヤさん、バリバリ作業できてすごいですね
僕はまだ右も左もわからなくて…
いやぁ、俺だって昔は政治に関心なかったし今でもわからないことだらけだよ
怒られてばっかりだったし
そうなんですか？
でも、政治って勉強して仕組みがわかると面白いもんだよ！
マモルも一緒にがんばろうな！
はい！

現役大学生との対談

日　付　平成27年10月26日
場　所　参議院議員会館宇都隆史事務所
参加者　飯塚智也／古屋桃朋子／宮原啓輔（50音順）

宇都　皆さん、今日はお集まり頂きありがとうございます。来年の選挙の投票権が18歳から付与されるにあたり、若者に政治参加する意識を持ってもらおうと今本を書いているのですが、私の事務所へインターンに来てくれた、また今来てくれている大学生の皆さんから、若者の生《なま》の声を聞かせて頂きたいと思いますので、よろしくお願いいたします。

一同　よろしくお願いいたします。

宇都　では始めに、皆さんインターンに来て頂いたわけですけども、そもそもなぜ政治に興味を持ったのでしょうか？　それぞれお話し頂きたいと思います。まず古屋さんからどうぞ。

古屋　そもそも政治に興味を持ったのは、地元の政治家のファンというか……。その政治家個人が好きで時々活動をチェックしていたのですが、そのうちに政治全体も新聞で意識して見るようになりました。最初は本当にアイドルを見ているように「今日は写真載ってないかな～」とかそういう感じで（笑）。

宇都　古屋さんは自宅が横須賀だから、小泉進次郎先生？

古屋　そうです。小泉進次郎先生（笑）。そもそも小泉先生御一家を、親がとても好きで応援していて。

宇都　お父様の純一郎先生の頃から？

古屋　はい。純一郎先生のときから応援していました。

宇都　やっぱりそういう親近感がある政治家の方が地元にいらっしゃるというのは大きいですよね。年齢的にも近いですしね。

古屋　そうですね。

宇都　他の皆さんはどうですか？

宮原　私は、前政権のときにずっとテレビで政治の動向を注目していたのですが、政権運営が全然うまくいかずに、混乱している様子を見て危機感を持ちました。同時に、外交にも政治の混乱から悪影響が生じていて「このまま日本は落ちぶれていくんだろうか、なんでこんなことになっているんだろう」という危機意識から興味を持ちました。

宇都　なるほどね。情勢認識から入ったのですね。

飯塚　私はもともと軍事に興味がありました。今、政治史に関するゼミに入っていて、私の研究テーマが「昭和の軍部の政治介入」なんです。軍部の人間関係だとかそういうのを追っているうちに、昭和時代の政治にも興味が湧きまして、それが現在の政治にも繋《つな》がって今に至る、という感じです。

宇都　軍事関係にもともと興味があって、そこから辿《たど》っていくと政治に興味を持つようになってきたというわけですね。

飯塚　はい。

宇都　そういうことを友達と話す機会はありますか？　どんな反応をされますか？

宮原　ドン引きされると思います……。全く話さないですね。

一同　笑——

宇都　やっぱり政治に興味のある子は非常に少ないかな？

古屋　そうですね。どういった関係の友達かにもよると思います。今、法学部ですので、同じ学部内やゼミの友人だと、政治の話題が自然と出て、そこからさらに賛否両論話しますけれど、地元の幼馴染《おさななじみ》だとか、趣味が共通の友人だとなかなかそういう話にはなりにくいですね。

宇都　確かに僕が学生時代のときも一切こんな話はなかったですね。社会人になってからは多少は話すこともあったけど、それ以前は政治にもあまり興味なかったし……。ちなみに二十歳《はたち》になって初めて参政権を持ったときの選挙は投票に行きましたか？

宮原・古屋　行きました。

飯塚　私はまだ19歳なので……。

宇都　ああそうか、来年からだ！

飯塚　正確には来週ぐらいには（笑）。

宇都　自分が政治の道を志している人とか学部で政治について勉強している人とか、そういう関心の高い人は政治参画意識も高いですね。もともと古屋さんのように、自分の地元で活動している政治家を見て、イメージを作り上げていた場合もあるんだろうけれど、実際に政治家に会ってみてどうでした？　政治家に対してもともと持っていたイメージと違いましたか？

著者（宇都隆史）

飯塚　国会中継を見ていると、たまに寝ている国会議員もいるじゃないですか。それを見ていて、働いているように見えるけど、実際はそうじゃないんじゃないか、給料泥棒なんじゃないかと思っていました。正直、良い印象は抱いてなかったです。

宇都　仕事しろよ、ってことだね（笑）。宮原君はどうでした？

宮原　自分も似たような……。「先生」と呼ばれて周りに人がいる時点で、とてつもない権力を持っていて、いつも事務所でずーっと暇そうにしているイメージがありました。あとはお金持ちや権力者みたいなイメージで、ポジティブなイメージは持ってなかったですね。

宇都　確かに、どちらかというとネガティブなイメージですね。

宮原　はい。

古屋　地元で有名な政治家がいるからか、ほんの一部の人で政治を動かしているようなイメージが強かったです。他のあまり名前の知られていない国会議員さんの活動が分からないし、ましてや、県議とか市議になると、活動しているはずなのに、それが国民に全然伝わってこないなと感じていました。

宇都　実際にインターンに来てみて「えっ、こんなんだったの？」って一番びっくりしたことは何でしたか？

宮原　「国会議員ってこんなに忙しいのか」とびっくりしました。

宇都　常に時間に追われているよね（笑）。

宮原　毎日分刻みで様々な会議や政策のレクチャーだとか、そういう予定でびっしりスケジュールが組み込まれているのを、初めて見たときにそう思いました。

飯塚　私は非常に体力が必要な仕事なんだなって思いました。議員の予定表や日々の国会の中を見ていますと、非常に忙しく走り回っていらっしゃって、並大抵の体力じゃできないんだなって思いました。

宇都　そうだね。最近、民主党が次回の選挙に出馬する候補者を募集したポスターを見ましたか？　とても自虐《じぎゃく》的なんですよ。

一同　知りません。

宇都　「休みはなくなる。批判にさらされる。からだはきつい。収入は減る。当選の保証なし。しかも民主党だ。それでも日本を救う気概があるなら、ぜひ応募を」って（笑）。

一同　笑——

宇都　でもそのとおり、本当に休みはないし、支出も多いし、何より選挙に出るにあたってのお金っていうのは相当かかるので、当選して1年目はそれを返すので精一杯だったりします。時間はない、休みもない。体力勝負ですよね。お酒も飲めなきゃ務まらないし（笑）。

古屋　意外と普通のサラリーマンと変わらないのかなっていう印象を受けましたね。何か特別なことをしているわけじゃなくて、それこそ営業職のように走り回って「よろしくお願いします」って言って回って。人と人との繋《つな》がりで仕事をしていくというところが、よく分かりました。塵《ちり》も積もれば山となるを信じて努力を積み上げていくしかないんだなって。

宇都　人と人との繋がりが非常に大きいですよね。政策を立案して法律を作るのが主たる仕事なんだけれども、実はそれはごく一部で、ほとんどは人と人との繋がりの中で、社会の問題点を肌で捉え、その問題を解決するために人脈を活用したりすることのほうが多いですよね。

古屋　一日で色んな人が入れ代わり立ち代わり事務所に訪ねていらっしゃるのを見て、「ああ、こういう人との付き合いを積み重ねて、国会で政治が動いていくんだな」と、実感できました。

学校で習うことと現場で学ぶこと

宇都　学校で中高含めて……まあ大学でも、政治についてそれなりに習いますよね？　例えば議会制民主主義であったりとか、議員内閣制であったりだとか。実際にインターンに入ってみて、「あ、教科書で習ったのはこういうことか！」という瞬間がありませんでしたか？学校で教わったことって、一部だったなって思う瞬間です。

一同　ありました。

宇都　学校の先生の教え方のどこがいけないんだろう？　インターンに来た多くの学生に「初めて理解できました」って言ってもらえます。僕も国会議員になって分かったんですけど、日本って議院内閣制をとっているので行政府である内閣府、つまりお役所と議会がものすごく近いと思いがちなんだけど、実は三権分立で議会は議会、役所は役所と役割が明確に区別されていて、立場が大きく違うんです。国会議員にしても内閣に入る「政務三役」と呼ばれるような役職についている人と、役職についていない国会議員とでは、かかわる仕事が違うんだけど意外とそういうのって分からないですよね。

古屋　分からない……。

宮原　分からなかったですね。語句として理解はしていても。

古屋　多分、一般の人は、省庁の政務官を政治家が務めているといったことも知らないと思います。大臣が政治家であるのは、みんなご存知だと思うんですけど、それ以外の役職は全部各省庁の官僚が担当するイメージではないでしょうか。大臣とはまた別のポストで政治家がかかわっているというのも知られていないと思います。

宇都　政務官というのは昔からの制度じゃなくて平成11年にできた法律なんだけど、あんまり長くやってないから知られていないのかもしれませんね。国会法では、最低一つの委員会に所属しなきゃいけないと決められているんだけど、政府側に入って役職に就くと、その委員会に所属して質問する権利がなくなってしまうんです。

テレビに映る回数はがくんと減るし、「○○省の△△政務官が、こんな場であんな発言をした」って報道されるから、公的な場での発言も制限されていくんです。僕が外務大臣政務官でいたときなんか、自分の信条的には靖國神社へ参拝に行きたいんだけども、終戦記念日などに参拝しちゃうと、「現職の外務大臣政務官が参拝した！」って騒がれちゃう

古屋桃朋子さん

ので、ちょっと日付をずらして遠慮させてもらったりだとか。

でも逆に役職を降板した後は政府側ではなく議会人。委員会でも自分の信条にもとづいた質問を思い切りぶつけていけばいいし、発言はある程度、自由の幅を持っています。自分の行動は自分で責任を取ればいいわけです。その辺が実はあんまり知られていないですよね。メディアとか有識者の人でも自民党は全体的に質問回数が少ないからだめだとか言うんだけど、与党は党内議論を経ているので、委員会では野党に極力時間を譲っているのに、意外とそういうのは知られていないんです。

ところで政治家に対してネガティブなイメージが多かったインターン参加前から、「政治家のこういうところはすごいな」って、ポジティブなイメージを構築できたところってあります？　飯塚君、どうですか？

飯塚　そう言われると難しいな……（笑）。

古屋　一度委員会を傍聴《ぼうちょう》させて頂いたときに、衆《しゅう》人環視《じんかんし》というか（笑）。テレビなんかだと質問者と委員長のところだけが映されていて、どういう部屋なのか全体像もよく分からなかったんですが、実際に委員会室へ行ってみると、テレビには映らないところに記者さんがずらっと並んでいて、外の廊下からも人がいっぱい出入りしているなかで色々な議論が交わされている。隔離された狭い密室じゃなくて、公然とした場所なんだなって思いました。

宇都 リングみたいな感じでしょ？ 観客席にも人がいて（笑）。味方も敵もみんなベンチに座ってて「やれやれー」とか言いながら。やっぱりあそこに立つときは誰でも緊張しますよ。

古屋 国会の本会議場よりも委員会室の方が厳しい雰囲気でしたね。

飯塚 国会議員だけが国会のことをやっていると感じていたけども、実際に来てみると秘書さんはじめ、たくさんの事務局の方ですとか、官僚だとか色んな人の関係の上に日本が動いているんだなって強く実感しました。

宮原 自分は基本的に学校では法案というのは官僚が作って、政治家が議場で賛成・反対投票して法律が決まっていると教わったんですけど、実際にインターンして見てみたら、全然違いました。

この間、某役所のレクチャーを見学させて頂いたのですが、役所が法案や政策を説明しているときに、先生がここはこうしたほうがいいんじゃないかと、ご自分の主張をしっかりと仰って、それを受けた役所の方も、その意見を検討して、また政策を練り直してみます、とお答えになった。そういうやり取りを見て、ちゃんと国会議員も、政策を考える過程に加わっているんだなと実感しました。

宇都　インターンをしていて気づいたと思うんですけど、内閣から提示される「閣法《かくほう》」と呼ばれるいわゆる一般的な法律と、「議員立法」と呼ばれる法律は出来上がるまでのプロセスが全然違うじゃないですか。この違いは、私も議員になってみなければ分からなかったんです。

実は、行政府のほうから立法府のほうに提出される法案がほとんどで、そういうものは法律として形になるまでに、役所の中で、ああでもないこうでもないと揉《も》まれているんですよね。特に与党の議員と役所が、法案の抜け道がないか、方向性が間違っていないかというのを、役所とずっとキャッチボールをしながら、ある程度まで形作っていく作業があるのに、そういった舞台裏を普通はなかなか見られません。

逆に言えば、そういう閣法っていうのは一つ一つの役所が持つ専門性をもって作っていくんだけども、いくつもの役所が関係している法律なんかだと、役所は、良い言い方をすれば、自分たちの専門以外のところには触れない。悪い言い方をすれば、担当外に関しては無責任になっちゃって、誰もそれを提出にこぎつけるまで努力しなくなるんです。

そこを補うのが実は議員立法なんですよね。複数の役所が担当しなければならないときや、色んな人たちの利権に絡んでいるような問題に対する法律。あるいはどこかの役所が法律を提出すると、地方で波風が立つようなもの。そういった難しい法律を議員が各党派をまとめ、超党派の議員立法という形で出したりするんです。

だから一部世間では議員立法はえらい、閣法はだめっていう間違ったイメージがあるんだけど、法律それぞれの性質が違って、実は一つの法律を作るにあたっても、複雑なプロセスがあるんだっていうのも、なかなか伝わらないですね。本当に自分で国会議員やってみると、学校の社会（公民）の授業って、表面的な知識ばかり教えているんじゃないかって、疑問に思いますね。

古屋 それは公民に限った話ではないように思います。やっぱり授業で教わるのは教科書の上で、文字で学ぶ世界であって、それを自分自身の知識としてきちんと身につけるのは社会に出てからだと思います。

宇都 そうですね。学校の社会科の先生も、もう少し国会に来てほしいと思いますね。投票権を持つ直前の世代を教え子に持つ高校の先生こそ、2、3日ぐらい研修のような形で、委員会や与党本部、政務調査会といった政策立案プロセスを実際に見て、「ああ、こういうプロセスで政治が動いているのか」と感じたことを授業で話してくれたらいいのになと思いますね。そういう研修が難しいのであれば、学校に呼んでくれればいくらでも行くんだけどね。どうしても学校側が政治家とは一線を画してしまう感じがあります（笑）。

今日みんなと話していて、教育現場には我々政治家もなかなか入っていくことができないことも、若者と政治家の間に隔たりがある一因かなと思いました。

政治への関心を高めるためには

宇都　さて、皆さんのように政治に対して関心の高い人はさておき、関心の低い人がとても多いんですよね。最近の投票率の低下にも見られるように、政治への参加率って年々落ちてきているんです。衆議院選挙の投票率はまだ高い方で、これが参議院、地方選挙になるとものすごく低い数字が出るんですが、若者の政治参加意欲を上げていくのに何が必要だと思いますか？

飯塚　私は、政治に関心を持つきっかけがあることが大切だと思います。今年の夏、安保法制の採決の段階で、様々なデモが行われましたよね。私もバスに乗っていたら、反対デモに出くわしたんです。そのせいで道がすごく混んで、バスがなかなか進まなかったんですよね。そうしたら近くに座っていた10代後半の女性グループが、「なんでこんなにデモやっているんだろうね」という会話をしていたんです。

そのやりとりを聞いていて思ったんですが、デモをやっている当人たちは、安保法制が平和を脅かす重要な法案だと捉えて危機感を持っているにもかかわらず、もし戦争になれば戦場に駆り出される年代の若者が、安保法制に対して無関心であることを問題だと考えて必死にデモをしている。そしてデモを見た若者の女性が「なんで？　どうして？」と多少なりとも関心を持った、という事実はデモをしている彼らにとって大きな収穫なのかなって。どんな形であれ、政治に対して関心を持つきっかけがあることが大事なのかなと思います。

飯塚智也さん

宮原　自分は、今まで教育現場で政治を深く教えるのってタブー視されていたと思うんですけど、重要視して教えるべきだと思います。諸外国、特にヨーロッパでは、小さい頃から生活と政治のかかわりを長い時間かけて教えて、参政権を得て政治に参加することの大切さを理解させるらしいんです。

しかし、日本においては政治っていうと、どこか権力と結びつくイメージがあるし、教育から切り離さなければならない、教育現場に政治が介入してはいけない、そんなイメージからあまり長い時間かけて教えてないんじゃないかな、というのを自分は感じました。だから、これからそういったイメージもどんどん変わっていくと思いますから、教育現場で政治とは何か、政治に参加することがなぜ大切なのか、ということを教えるのがこれから大事なんじゃないかなと思いました。

宇都　学校教育でもそうだし、家庭でもそうなんだけど、日本ってなぜか政治と宗教の話ってタブーなんですよね。でも海外は、その二つのテーマに向き合うことこそが、まさに生きるということだと理解されている気がします。日々の営みを動かすのは政治だし、その国の国民性、つまり考え方・思想という面では宗教が大きく影響するし、どちらもすごく大事な領域なんですよね。

海外であれば、まずは宗教教育からきっちり教えますよね。例えばアメリカやヨーロッパ諸国のように、国民の多くがキリスト教を信じている国であれば、キリスト教をベースにした教育をしています。そして、なぜ宗教というものが人間社会に必要なのかというような、思想とか宗教に対するリテラシーや、理解度を高めるというか、そういう教育が行われているんですね。

そういった教育が現場のベースにあるから、例えばその思想とか宗教の教育の中で、隣人愛を学ぶわけです。「どの宗教においても、普遍的な考えですよ」と。自分勝手に振舞うんじゃなくて、貧しい人とか、弱い人に手を差し伸べるというのが、人間の基本的な在り方ですよね。

相手を蹴落とすんじゃなくてみんなで助け合う、そういう心持ちって世の中に大事ですよね。それを理解できたら、「じゃあ、それを世の中に制度としてどう生かしていくか」「思想教育を社会制度にどう取り込んでいくか」ということになるわけです。

どう考えてもフラットに競争したら、頭のいい人、能力の高い人は勝ちますよね。そういう人たちがどんどんお金持ちになっていきますけど、じゃあお金持ちになれた人とお金持ちになれない人、この不公平感はどうやって解消するのかという問題が生じます。そこで税の仕組みであったり、それをどう還元するかっていう、分配の仕組みっていうのが出てくるわけです。
それが社会保障政策っていう分野になるんだけど、日本ではそういった教育が欠如しているから、一連の繋がりが分からない。自分には関係のないものとしか映らないんですね。本当は政治を深く理解するためには、本来ならば宗教や哲学の勉強も同時にしないといけないんじゃないかなと思います。

古屋　若者に政治参加を促すには、投票行為に対して見える成果が出てこないとだめなんじゃないかなと思います。最近選挙っていうと政治の選挙よりもＡＫＢの総選挙のほうがすごく話題に上がって、あれがなんで熱狂的に支持されるかっていうと、自分が投票した子がどんどん活躍できるっていう見える成果が出るから。だからこそみんなどんどん参加して、その子を活躍させてあげようっていう気持ちになると思うんですよね。
ただ日本の政治って、なかなか動かない、決められない政治って言われていますし、政治をよく勉強していないからこそ、そういった固定観念に左右されて、「一票投票したって変わらないじゃないか」という無気力感に繋がっていっているのかなって思います。

宇都　選挙で選ぶ対象が多すぎるっていうのもありませんか？

古屋　それはありますね。政党も多すぎてよく分からない。何を基準に選んで、それがどう日

宮原啓輔さん

本の政治に繋がっているんだろうっていうのが、形として見えにくいと思います。

宇都　自分が投票したことに対する成果、つまり自分の一票がどう政治に繋がったのかを分かるようにすることが大切なんだけど、実はすごく難しいんです。投票行動による成果を端的に求めていくとすれば、政治家は多くの有権者が求めていて、かつすぐ結果が出るようなものだけを選挙で訴えるようになります。そうすると「大衆迎合」つまり「ポピュリズム」になってしまい、国政選挙とアイドルの人気投票が同じレベルに落ちてしまうんですね。

最近いるじゃないですか。見た目もよくて、政治経験もあまりないんだけども「俺が世の中を変えてやる！」って言って出馬する若者が。そういう人に限って、トップ当選して勝っちゃったりして。そして1期目でボロが出て、2期目で落選するっていうパターン。「出たい！」っていうガッツは評価したいのですが、やはりウケだけではなくて、政治そのものをしっかりと勉強して、有権者に対し耳障《みみざわ》りなこともお願いできるようでなければ、本当の意味で社会は変えられないと思うんです。

宮原　小泉チルドレンと呼ばれたSさんとか有名ですよね。

宇都　いましたね（笑）。世代はそんなに変わらないでしょ。

宮原　世代は近いから親近感はわくんですけど、その分、政治家としての経験値や活動に対する責任感が全然なくて、結局は有権者が信頼できなくなる。見た目や、パフォーマンスとかは面白いんですけど、結局、国会議員の仕事って国民のために政策とか決めていくものなのに、パフォーマンス重視で行動が伴わない。結果的にはがっかりすることが多い印象でした。

宇都　そういう若い政治家が出てくることについてどう思います？

古屋　確かに長所短所それぞれあると思うんですけれど、ただ少数であればそういった方たちがいることは大切なのかなと思います。親近感というのは政治家を選ぶ上での重要なポイントですし、私みたいに誰か特定の有名人の政治家が好きだという理由で、政治に対して興味を持つ人もいると思いますから。

政治とメディアの問題

古屋　ただいつも思うのが、アメリカの大統領選挙ってすごい盛り上がるじゃないですか。別に立っている人が必ずしも若いとか、タレントっていうわけでもないのに人気がありますよね。すごく熱狂的に盛り上がって、全土に支援が広がります。そういうのって、日本と全然違うじゃないですか。

この差はどこからくるのかなって考えると、日本って政治家個人の活動が見えてこないっていうか、活動していても善いことをしたときは取り上げられなくて、悪いことしたときだけ取り上げられたり、何もなくても、元タレントだとか、元スポーツ選手だとかそういう変わった出自で取り上げられたりしてしまう……。日本のそういった特異な報道態勢が、少しずつ改善できたらいいのかなぁって思います。

宇都　国民の大多数が、政治や政治家に対してあまりポジティブなイメージを持たない理由の一つに、マスメディアの扱いがあると思うんですよね。マスメディア、ジャーナリズムっていうのは常に権力に対して批判的な立場で対峙《たいじ》するものですから、政治家をヨイショはしません。「本当ですか？　間違いではありませんか？」と疑問を呈しながら、権力を厳しく監視して真実を伝えるのがジャーナリズムだと思います。

ただ、ちょっと近年のメディアはやりすぎなんじゃないかなと思います。下手をすると名誉棄損ではないかというような、どこに根拠があるのか分からないようなことを、さも事実のように報道するときもあるし。それに、誤報だったとしても謝らないでしょ、絶対に。

アメリカの選挙と、日本の選挙。「アメリカではあんなに盛り上がるのに、日本はなんで盛り上がらないのか」っていう話がさっき出たんだけど、これは国の特性、国民の気質っていうのもありますね。

アメリカは要するに移民国家でしょ。どんどん人を入れながら、労働力を増やして、自由と民主主義という価値観では我々と一緒かもしれないけど、アメリカは自由と公平にとても力点をおいた社会です。力による競争をベースにしながら、お互い切磋琢磨《せっさたくま》していくという土壌をもっているので、国民間にものすごく格差があるし、多様な人種、宗教、価値観が存在していても、それを受け入れているし、その中で二つの政治理論がぶつかっているんです。

一つは社会保障も含めてできる限り格差は小さくすべきで、そのために国がサービスとして提供しますという、いわゆる「大きな政府」を作ろうという考え方。もう一つは逆に、労働を一生懸命しない、あるいは国全体に貢献しない人たちに、なぜそんなお金を出す必要があるんだっていう考え方もあって、社会保障なんかのサービスを出来る限り小さくし、自分たちの努力で行うべきで、国のサービスは最小限にしようと考えるいわゆる「小さな政府」という考え方。

お金持ちや経営者、元来古くからいるような白人系の人たちっていうのは「小さな政府」を支持するし、外から来た移民系の人たちや、所得が低いような労働者階級層は「大きな政府」を支持することが多いのですね。そうすると大統領選挙にしても何にしても、政策が二つ並んだときには違いが明確で、選択しやすくなります。

じゃあ日本はどうかっていうと、安全保障政策にしても、反対派から対案が出てこないでしょ。政策の中身はいいんだけども、それを通すプロセスに反対だとか（笑）。これじゃあ選択肢になりえません。政策論争ができないものだから、今度は「戦争法案」なんてレッテル張りをして政権闘争に持ち込む……。民主党政権が誕生したときに、財源の担保も何もない、できもしない政策メニューをズラーッと並べて「えっ、それだけのことしてもらえるんだったら、応援しようじゃないか」って、それで政権交代が起こったんだけども、結局蓋《ふた》を開けてみればほとんど実現できなくて、有権者に嘘をついたようになってしまったことがありましたよね。

日本の政治が本当に難しいのは、中間層が非常に多くて、アメリカみたいに、政策的に二つの選択肢にパカっと分かれて、「どっちにしますか？」となりにくいところだと思うんです。政策も全体的に大体同じような手法になりがちなんですね。あとは違いとして何が出てくるかっていうと、きっちりと実現に向けて最後までやっていけるかとか、政策の持続性や、他の政策とのバランスや整合性とか、その程度の違いなんですよ。

飯塚　確かに、全員がポピュリストだと困るとは思うんですけど、ある程度であれば私は賛成です。国会議員も人間ですから、始めは間違いも犯すと思うんですよ。その中で任期が4年、6年という中で人間的に鍛えられていく、段々政治のスキルを身につけていくと私は思います。もしそれで任期いっぱい勤めて様々なスキルを身につけても、選挙で国民がダメだと判断したら、選挙に落ちるということで、有権者の判断の違いもありますから、そういう意味では政治とポピュリズムは切り離せるものでもないと感じます。

宇都　私も賛成です。いろんなタイプの人たちがいて然るべきですが、誰でも若いうちは人生の経験が少ないですよね。これは政治家も同じで、新人の政治家が何年か経験を積みながら成長していくというのは、すごく大切なことだと思います。しかし国民の皆さんは、政治家に対し始めからすごく高度な要求をするものです。特に日本の場合は、政治家に対して聖人君子像を求めるから、ちょっと辛《つら》いところですね。

ただ、それぞれの世代を代表する政治家がいないと、政治に関心の高い年配の方にばかり耳を傾けて、政治に興味がない若者の求めていること、問題だと感じていることが反映されにくいんですよね。だから定年退職後の生活が苦しいのをどうにかしてほしいというお年寄りの圧倒的な声に影響されて、子育てや保育、若者の雇用対策というのは、二の次にされてきたわけです。

一方で若者からすれば「いやいや、我々若い世代が一番経済活動を営むのだから、我々にこそお金を回してくださいよ」と思いますよね。若者よりも年配者のほうが政治への関心が高い中で、「若者にお金を回すことで、全体としての経済効果も出てくるし、歳入が上がれば社会保障にまわせるお金も出てくるんだから、若い世代が仕事をしやすい環境、子供を生みやすい環境、子育てをしやすい環境を作っていきましょう」と政治家が言えるかどうか。そこがとても重要なのです。

若者の政治参加意欲を高めるために、大学生を中心として海外の同じような年代との交流や、政治的な議論の場をもっと増やせば意識も変わってくるでしょうね。

18歳からの選挙

宇都　ところで、18歳からの参政権がまもなく行使されますが、どのように考えますか？

古屋　今回、参政権が18歳に引き下がることは、私はプラスじゃないかと思っています。今、大学生が海外の方たちともっと交流すべきと仰いましたが、大学生でそのような活動する人たちというのは、中学高校あたりからすでに海外に興味を持って、積極的に活動していますから、海外と交流する機会を持つのであれば、一番良いタイミングは高校生あたりだと思うんです。中学で3年間、高校で3年間、合計6年間勉強を続けてきて、その集大成が18歳での参政権で表現できる。そういう意味で参政権が18歳というのは、非常に意義があるんじゃないかなと思っています。

宮原　私も、いいことだと思います。社会経験が豊富な年代の意見を政治に反映することも大事だと思うんですが、年を重ねていくごとに大人の事情というか、様々な事情に縛られるなどして、本来の自分の意見が表現しにくくなる感じがします。だから、18歳の高校生から大学生あたりなら、何にも影響されない純粋な判断力や、考えを持っていると思うので、そういう声を政治に反映させれば、全世代的に政治が活性化するのではないかと思います。

宇都　まさに今、宮原君が言ったように、卒業して会社に入っちゃうと、大人の事情に影響されて、純粋に政治を見られず、日々の生活に忙しい中で、「誰に入れようか」なんてゆっくり考えられないですよね。「今、仕事忙しいから選挙行くのは無理」とか「今日はもう寝ていたい」なんて考えちゃうと思うんです。

でも18歳だと、まだピカピカの純粋な考えをいっぱい持っていると思うんです。その頃に反政府的な活動でも、逆に応援活動でもどんどんやったらいい。でも二十歳ぐらいになってくると、就活も始まって、そろそろ現実見なきゃいけないって感じがしますよね。

例えば国民年金を納め始めるのは二十歳からでしょう？　そうすると「年金の納付額って毎月いくらなのかなぁ」とか、社会の一員になるにあたって、現実が徐々に見えてきて、自分の思想との差に思い悩むようになります。その期間が長ければ長いほうがいいんだろうなと私は思うんです。

古屋　就職すると、さらに色々なしがらみが見えてきますものね。

飯塚　私も賛成です。18歳って高3じゃないですか。大学受験なり、就職なりしていく過程で、「政経」や「現社」を授業で習って、興味や関心を持った人もいるはずなんですよ。でも大学に入ったり、就職をして忙しい日々に追われていると、二十歳になって参政権を得るまでの2年間の空白の期間で、政治に対する関心も薄れてしまうんじゃないかと思うんです。ですから、自分が興味を持っているうちに最初の選挙を迎えて、投票することによって、政治に参加するということを実体験できて、より関心が深まっていくのではないかなと考えています。

宇都　統計データによると、選挙権が与えられた1年目に、初めての投票に行った人は、その後、政治に対する関心が高いという傾向が表れているようです。でも二十歳っていうとバイトや授業に忙しくて、さらに迷いも多い時期ですよね。その前に、少し余裕のある時期から、政治にじっくりとかかわりを持つということは大事ですね。

古屋　そういえば、大学生ですと実家を離れて暮らしている人も多いんですが、ほとんどが住民票を実家においたままなんです。私の同級生も「地元で選挙があるけど、実家に帰る暇ないから投票できない」という声をよく耳にします。

宇都　そうすると18歳ならまだ高校3年生ですし、親元にいますもんね。

古屋　はい。18歳でちゃんと政治に参加しておけば、大学に入って一人暮らしするときも、「ちゃんと住民票を動かして投票に行かなきゃ」という意識も芽生えるんじゃないかと思います。

宇都　そのタイミングで選挙が重なれば、より一層関心を持ってもらえますね。

労働に対する価値観の変換

宇都　政権交代によって、国会議員の平均年齢はかなり若返ったんですけど、地方に目を向ければ、小さな市町村ほど若手の政治家がいないんです。その最大の理由として考えられるのは、政治家に対する要求が過度に厳しくなりすぎて、給料や年金をはじめ、色んな手当を削っていったので、地方議員になると生活していけないというのが実態なんです。

地方の場合、20代、30代の若者が議員活動だけを仕事にして、専業主婦の奥さんと、子供を養えるかっていうと、とてもじゃないけど難しいんですね。結局、若い人が政治家になりたがらないので、議員以外の仕事を片手間にやっている人や、あとは年配や古参の議員さんがすごく多くなるんです。そうすると、地元の選挙で候補者の写真を見ても、自分の親以上の人ばかりで、親近感がわきにくいですよね。同い年の候補がいると、盛り上がりも出てくると思うんですが……。

ですから、有権者が政治家に対して自ら身を切る姿勢だけをただひたすら求める、なんていうのはとんでもない話だと思うんです。ベテラン議員も、自分の時代さえ良ければと、次に続く若者の議員のことを全然考えずに、有権者にこびへつらいすぎると、将来大変なことになってしまいます。若手の政治家が生活に困らないよう、ある程度の担保をしてあげないと、どんなに優秀な若い人が出てきても、政治家として生きていけないんです。

古屋　地方は特に女性の産休・育休制度が整っていないという話もよく聞きます。それで女性議員が全然いないという記事も新聞に掲載されていました。

宇都　そうなんですよね。女性が働きやすい社会っていうのがなかなか進んでいないというのは、日本特有の難しさだと感じています。これからどんどん少子化が進んで、消滅してしまう可能性のある地域が問題になっていますが、若い女性が都市部に流出せず、地域で働き生活していけることが大切なんです。若い女性が働き口を求めて出ていってしまう地域は、結果として子供が生まれないからですね。だから地域創生という面でも、女性議員を増やすという面から見ても、女性が働きやすい社会をこれからいかにして作っていくかということが非常に大切なんです。

さらに働きながら子供を生んで育てることができる社会の仕組み作りに取り組んでいくのが、これから重要なことなんですよね。ただ、政治家の場合、さっき言ったみたいに聖人君子像を求められますから、一日でもゆっくりしている姿を写真に撮られようものなら、すぐ「サボってる」と言われてしまうんです。そうはいっても政治家も人間ですから、子供を生んでお母さんになれば、母親としての時間も、一人の女性としての時間もいっぱい必要なのに、それが日本の社会ではなかなか認められないんですよね。

宮原　政治家なんだから、働いて当然という雰囲気がありますね。

宇都　それは政治家だけじゃなくて会社もそうですね。朝から晩まで働いて休日出勤当然というような風潮がまだまだありますから。

古屋　政府は「2020年までに指導的地位の女性割合を30％に」って具体的な数字を出していますよね。私も就活中に「こんな産休・育休制度を用意しています」と様々な企業から説明されましたけど、就活生が気になるのは制度があるかどうかじゃなくて、実際それが活用されているのかどうかなんです。

宇都　女性の働く職場環境を整えようと思ったら、男性にとっての職場環境も、残業を減らすなどしないといけませんね。海外の役所の働きぶりに目を向けてみても、朝の出勤も遅めですし、定時になったら皆ぱっと帰っていくんですが、日本は朝から夜中まで仕事をして、しかもそれが偉いんだと評価する空気もありますよね。でも役所の仕事のクオリティは、海外と日本でそう変わりません。そんな日本の働き方って非効率だと思いませんか？

宮原　私はオーストラリアのキャンベラへ留学に行ったんですが、法律で働く時間が全部決められていました。例えば省庁だと、5時以降は職員全員が必ず退庁することが決められているんです。それで寝るまでの時間は、家でのんびりするという生活様式が定着していました。日本の場合、先ほど仰ったように、長時間働いているほうが評価されますよね。何でこんなに働く時間が違うのに、仕事のクオリティは同じなんだろうかと感じました。

宇都　西洋における労働の考え方って基本的には「役務」ですよね。できればやりたくない「業務」なんです。だからできるだけ「業務」は早く終わらせて、自分が本当にやりたい幸せな部分に消費する時間を多く取る、という生き方なんでしょう。しかし、日本人の場合、労働を「美徳」と考えるところがありますよね。実際働くことが好きだし、仕事で評価されるとやりがいを感じる人も多い。

その考え方自体は良いことなのですが、これからは価値観の切り替えと社会構造を変革していかなくてはなりませんね。そうしないと、日本の未来って、衰退していく一方なんじゃないかなと不安に思います。女性を中心とし、労働者年齢もすごく若くて、産休・育休の制度も上手く運用できている会社もあるんです。民間のそういうところを政治にどんどん取り入れて時代に適合した変革をしていかないといけないんでしょうね。

古屋　「やればやっただけ結果がついてくる」とよく言いますが、そういう日本人の感覚も長時間労働に繋がってしまうんでしょうか。

宇都　そうですね、定時で帰ると罪悪感があるという人もいますね。でもその価値観こそ変えていかなければならないところだと思います。

政治家との心と言葉のキャッチボール

宇都　それでは最後になりますが、大学やインターンでたくさん学んだ結果、今の政治にもう少し改善してほしいなと思うところはありますか？

飯塚　私が求めるのはよりオープンな政治です。テレビを見ていると、なんだか国会が揉めているな、というのは分かるんですが、では具体的になぜ揉めているのかが分からない、というのが一般的な国民の意識だと思うんです。ですから、審議している法案を全部説明するのは難しいかもしれませんが「今の日本にとって何が問題で、それをこの法案でこう解決したいから、今こんな審議をしていて、与野党ではここが争点になっているのですよ」ということをオープンにできる政治となればいいのになと思います。

宇都　説明する機会と内容をもっと工夫しなければいけませんね。国会でやっているからテレビ見てくださいだとか、テレビ番組に呼ばれて出演して終わりではなく、せっかくネットもあるんだから、そういったものを活用しなければいけませんね。あとは一般の有権者と一緒に、公開討論会をもっとやらなきゃいけないと感じています。海外だとよくやっていますね。

宮原　私も日本の政治家って普段どこにいるのか分からないし、ポスターでしか会ったことがないような国会議員が多い気がします。あと国会で行われている審議も画面の中だけで見ているから、非現実的で身近な感じがありません。国会議員が忙しいのは重々承知なんですけれど、例えば駅頭演説や、先ほども仰っていたように講演会を開くなどして、地元の人たちと触れ合う機会をもっと多くしてほしいと思います。

宇都　触れ合いっていうのは良いキーワードですね。確かに親近感がないといけませんよね。

宮原　はい。「この政治家は自分たちの生活のために頑張ってくれているんだな」と感じられることは大切だと思います。

宇都　招待もされていない地域の小学校の運動会とかに現れて「やぁやぁ」と言いながらみんなと片っ端から握手していく古いタイプの政治活動……あれは皆さんどう映りますか？　ちょっと受け入れにくいと感じませんか？　私は違和感があるんですが……（笑）。

宮原　確かに、選挙前にしか見かけない方っていますよね。肉声を選挙カーでしか聞いたことがない人とか。もっとかかわる機会を増やしてほしいなと思います。運動会でも、会っていることにはなるんでしょうけど、握手だけして話を聞くこともなく、すぐ帰ってしまうようだと、政治家を身近な存在だとは思えませんね。

古屋　そうですね。私たち有権者にも努力が必要で、「会ったことがある」で終わらせないでほしいですね。そこから政治家との繋がりができて、「地元のために、あんなことやこんなことをしてほしい」という意見を伝えて、直に触れ合うことで、政治に参画している実感が得られると日本の社会はさらに良くなるんだろうと思います。

宇都　お互いに言葉と心のキャッチボールが必要ですね。

宮原　駅での朝晩の挨拶に立っているだけでも違いますよ。

宇都　でも駅で挨拶していて、返してくれるのは20人に1人ぐらいなんですよ。「なんだこいつ」って敵意むき出しで睨《にら》まれたりすることもありますから（笑）。でも政治家も、若者の皆さんに何とか触れ合いたいし、政治に参加してほしいなと思いながら、色んな活動をしていますから、お互いに尊重し、歩み寄って地域のため、日本のためにお互い努力してやっていきましょう。そのためのきっかけは、私たちの周りにたくさん存在しているはずです。

皆さんこれから就職して、社会人として活躍されると思いますが、周りのご友人とも一緒になって政治参画を促す土俵づくりに協力してほしいと思います。一緒に頑張っていきましょう。

今日は貴重な意見をいただき、本当にありがとうございました。

一同　ありがとうございました。

あとがき

近年、若者たちの心情に大きな変化が起こっているのを感じます。8月15日に靖國神社へ行くと、かつては高齢の遺族や、右翼の街宣車と反戦活動家ばかりだったのが、最近では大学生や若い社会人がカップル（表現が古い？）で参拝するケースが増えているのです。

平成27年は戦後70年ということもあり、先の大戦をテーマにした映画や、小説なども数多く出ていますが、お年寄りばかりでなく20～30代に人気があるとのリサーチデータもあるくらいです。この現象の背景にインターネットの力があるのは間違いないでしょう。

かつては、新聞、雑誌、テレビから流れる情報しかなく、それを信じるしかありませんでした。正義感と倫理観に裏付けされた知性豊かなジャーナリストが存在していた時代はそれで良かったのかもしれません。しかし、近年のマスコミは、その資質や手法を疑うものが少なくありません。

自分たちの足で調べて記事を書くことを疎《おろそ》かにしているばかりか、嘘・捏造《ねつぞう》・思い込みの報道をして社会に迷惑をかけても知らんふりです。マスコミには、「世論は我々ジャーナリストが作るのだ」という驕《おご》りが昔からあったのではないでしょうか。

国民がマスコミの情報を精査する術《すべ》を持たない時代はそれで通ったかもしれませんが、今や国民はインターネットという情報ツールを駆使し、しかも相互に情報交換をしながら自らの頭で考え、判断し、しかもフェイスブックやブログ、ツイッターなどのSNS（ソーシャル・ネットワーキング・サービス）を使ってマスコミのごとく情報発信までしてしまう時代になりました。

もちろん、ネットのなかには憶測《おくそく》や意図的な誤情報も多いのですが、一部の記者の思い込みや意図的な情報に踊らされるよりはマシではないでしょうか？

「人間は考える葦である」とパスカルは言いました。大切なのは、「自立し考える」ということです。考えることを放棄し流されてしまっては、未来を生き抜いていくことはかないません。国の政治を支え、有権者として動かしているのはこういう「自立し考える」賢い有権者の集合体なのです。

日本を強く素晴らしい国にしていくには、もっともっと多くの日本人に自立を促し、賢い有権者となってもらう必要があります。

「どうせ誰がやっても……」「自分一人くらい選挙に行かなくても……」は、もうやめにしましょう。一人一人が賢い有権者として日本に生まれた責任を果たしていく、そして気づいたことを後輩や子供たちに伝えて社会を繋《つな》げていく責任があるのです。

人生はたった一度ですが、常に前を向き頑張っていれば、意外と何とかなるものです。自分の将来を小さくまとめてしまわずに、今の狭い考えで自分の無限の可能性を狭めてしまうことなく、泰然《たいぜん》と前向きに、かつ大志を持って生きていこうではありませんか。

どんな苦しいことでも、自分のためでなく、誰かのために踏ん張るのであれば、人間はどこまでも強くなれるものです。私は自衛隊でそれを学びました。

皆さんの人生が実り多きものであることを心から祈念し、終わりにクラーク博士の言葉で締めたいと思います。

Boys, be ambitious! Be ambitious not for money or for selfish aggrandizement, not for that evanescent thing which men call fame. Be ambitious for the attainment of all that a man ought to be.

（少年よ、大志を抱け！　金や私欲のためなどでなく、ましてや名声などと呼ばれる空しいものを得るためでもない。人間としてのあるべき姿に到達するために、大志を抱くのだ）

平成28年3月吉日

参議院議員　宇都隆史

著者プロフィール
宇都隆史（うと たかし）

昭和 49 年 11 月 12 日、鹿児島県生まれ。現在、参議院議員（自由民主党）。
平成 10 年、防衛大学校理工学部（第 42 期）卒業。同年、航空自衛隊に入隊。職種は要撃管制。平成 19 年、航空自衛隊を退官。退官時の階級は 1 尉。同年、松下政経塾に入塾。平成 22 年、第 22 回参議院通常選挙において全国比例区で当選。平成 26 年、第二次安倍改造内閣において外務大臣政務官に就任。第三次安倍内閣において引き続き外務大臣政務官に留任。平成 27 年、外務大臣政務官を退任。他、参議院の予算委員会理事、外交防衛委員会委員、自由民主党の国防部会・外交部会副部会長など数多くのポストを歴任。
著書に『生まれ変わるなら、また日本がいい』（並木書房）がある。

18 歳からの政治の教科書

――メディアに踊らされない賢い有権者になろう――

平成 28 年 4 月 21 日　初版第 1 刷発行
平成 28 年 6 月 11 日　初版第 2 刷発行

著　者　宇 都 隆 史
発行者　鈴 木 一 寿

発行所　株式会社 彩雲出版　埼玉県越谷市花田 4-12-11　〒 343-0015
TEL 048-972-4801　FAX 048-988-7161
発売所　株式会社 星 雲 社　東京都文京区大塚 3-21-10　〒 112-0012
TEL 03-3947-1021　FAX 03-3947-1617
印刷・製本　創栄図書印刷株式会社

ISBN978-4-434-21852-1
定価はカバーに表示しています